JN439430

걸림돌과 디딤돌

현대수필가100인선 · 31

걸림돌과 디딤돌

김병권 수필선

좋은수필사

■ 책머리에

수필은 누구나 부담 없이 읽고, 마음만 먹으면 직접 쓸 수도 있는 가장 친근한 문학이다. 다른 영역의 문학이 영상매체에 밀려 신음하고 있는 중에도 수필 인구만은 날로 증가하여 바야흐로 수필 전성시대를 구가하고 있는 이유도 거기에 있을 것이다.

시대적 추세에 힘입어 수많은 수필전문지, 수필동인지가 창간되고, 이에 비례하여 신진 수필가도 날로 늘어나다 보니 이제는 그 많은 작가, 그 많은 작품 중에서 문학성 높은 작품을 가려 읽는 일이 쉽지 않게 되었다. 이런 현상은 작가에게나 독자에게나 결코 바람직한 일이 아니다. 더 나아가서는 수필을 연구하는 후세들에게도 큰 부담이 될 것이다.

이런 문제를 해결하는 데는 출판인도 마땅히 한몫을 감당해야 한다는 평소의 소신에 따라, 본사가 기꺼이 그 역할을 맡기로 했다. 그 첫 번째 사업으로 시대를 대표할 만한 수필가 100인을 선정하고, 작가가 자선한 40편 내외의 작품을 수록한 문고본을 발간하여 이를 널리 보급함으로써 그 소임을 다하고자 한다.

본사는 사명감을 가지고 이 사업을 추진해 나가기로 했다. 작가 선정을 전담할 편집위원회를 구성하고 전권을 위임하여 일체의 사적인 정실이나 청탁을 배제함으로써 전문성과 공정성을 확보해 나갈 것이다.

따라서 이 기획물 속에는 작가의 문학정신뿐만 아니라, 본사의 문학사적 기여 의지와 편집위원 제위의 수필문학에 대한 애정과 문인으로서의 양심이 함께 담겨 있음을 자부한다. 다만, 작가를 선정하는 기준에는 많은 견해의 차이가 있을 수 있고, 선정 과정에서도 미처 챙기지 못한 부분이 있을 것이라는 사실만은 인정하지 않을 수 없다. 이 점에 대해서는 관계자 여러분의 양해 있으시기 바란다.

이 시리즈의 발간 순서는 작가, 또는 본사의 사정에 의한 것일 뿐 그 밖의 어떤 기준도 적용하지 않았음을 밝힌다.

본 기획물이 시대를 초월한 많은 수필 애호가들의 관심과 애정 속에 우리나라 수필문학 발전에 한 이정표가 되기를 바랄 뿐이다.

2008년 8월

좋은수필 발행인 서 정 환

현대수필가 100인선 간행 편집위원 박 재 식 최 병 호

정 진 권 강 호 형

변 해 명

1_부

2_부

3_부

4_부

1부

걸림돌과 디딤돌

'걸림돌을 디딤돌로 삼을 줄 아는 사람은 성공이 보장된 사람이다'라는 말이 있다. 이것은 아무리 어려운 역경에 처해있더라도 이를 극복하고자하는 의지로 수용하면 능히 타개할 수 있다는 말이다.

세상을 살다보면 우리는 부지불식간에 숱한 난관에 부딪쳐 넘어지게 된다. 그때마다 일어나서 앞만 보고 달리는 사람이 있는가 하면, 뒤를 보면서 머뭇거리는 사람이 있다. 앞을 보고 나가는 사람은 그의 희망이 늘 앞에 있기 때문이요, 뒤를 보는 사람은 후회가 뒤따라오기 때문이다.

또한 어떤 어려움이 닥쳤을 때 그 원인을, 내부에서 찾아 스스로를 반성하는 사람이 있는가 하면, 그와는 반대로 그 원인을 외부에서 찾아 남을 원망하는 사람이 있다. 전자는 성공하는 사람의 특징이요, 후자는 실패하는 사람의 특징이다.

벌써 수년 전의 일이다. 나는 요즘 같은 한겨울에, 저 눈의 나라로 유명한 캐나다 여행을 하면서 오타와 스키장에 간 일이 있다. 생전 스케이트도 타보지 못했으니 그 위험한 스키는 엄두도 내지 못했을 때였다. 그런데, 저만치 새하얀 눈 위를 신나게 활강하는 사람이 눈에 들어왔다. 자세히 보니 한 쪽 다리가 없는 지체 장애자가 아닌가!

이윽고 그곳에 와 있던 어떤 기자가 달려가 마이크를 들이대면서 즉석 인터뷰를 하는 것이었다.

"우리는 양다리를 가지고도 수없이 넘어지고 힘겨운데, 당신은 어떻게 해서 그 외다리로 스키를 즐길 수 있는가?"라고 질문을 하자, "나에게는 아직 한 다리가 남아있으니까…"라며 태연하게 대답하는 것이었다.

나는 그 말을 듣는 순간 뒤통수를 한 대 얻어맞는 기분이었다. 뜨거운 감동이 밀려왔기 때문이다.

'그렇다. 저렇게 외다리를 가진 장애자도 스키를 타는데, 성한 다리를 가진 내가 어찌 못하겠는가'라는 생각이 들자, 나는 지체 없이 스키를 배우기 시작했다. 넘어지고 또 넘어지면서, 하루 만에 꽤 높은 슬로프를 활강하는데 성공하였다.

아마 백 번도 더 넘어졌을 것이다. 넘어질 때마다 포기하고 싶은 생각이 간절했지만 그 장애인의 모습을 떠올리니 결코 좌절할 수가 없었다. 그리하여 그곳에서 일주일을 체류하는 동안 거의 불편 없이 스키 연수(?)를 마치게 되었던 것이다.

사실 성한 다리를 가진 나도 수백 번을 넘어졌는데, 그 외다리를 가진 장애인이야 얼마나 더 힘들었겠는가. 그는 넘어질 때마다 앞만 보고 일어났던 꿈을 가진 사람이었고, 자기의 불운을 남의 탓으로 돌리지 않고 자신의 숙명으로 받아들인 의지의 사나이였던 것이다.

요즈음 젊은이들이 즐겨 쓰는 말 가운데 '성공은 실패의 원인이다'라는 말이 있다. 이는 물론 '실패는 성공의 어머니다'라는 말을 뒤집은 익살이겠지만, 여기에는 나름대로 되씹어 볼 만한 가치가 있다고 하겠다. 젊은이들은 자칫 작은 성공에 도취되어 더 큰 성공을 바라보지 못하는 경우가 있기에, 이를 경계토록 하는 말로는 이 이상 적절한 말도 없을 것 같다.

젊은이는 성공도 빠르고 실패도 빠르다. 쉽게 감격하고 쉽게 흥분하기 때문이다. 여기서 냉철한 이성을 발휘하여 끓어오르는 격정을 조절할 수만 있다면 능히 실패의 고배苦杯는 면할 수 있을 것이다. 즉 부정적인 사고를 긍정적인 사고로 전환할 수 있는 이성의 목소리에 귀를 기울일 줄 알아야 한다는 것이다.

우리는 인생길을 가다가 돌부리에 걸려 넘어질 경우가 종종 있다. 이럴 때 이것을 걸림돌로 생각하느냐, 디딤돌로 생각하느냐가, 바로 그 인생의 성패를 좌우하는 가늠대가 된다는 것을 다시 한번 곰곰이 되새겨 본다.

꽃 면장

꽃은 아름다움의 상징이다. 얼굴 예쁜 여성을 꽃 같은 미인이라 하고 마음씨 고운 사람은 꽃 같이 예쁜 마음을 가졌다고 찬사를 보낸다. 그래서 우리는 기쁜 일이나 슬픈 일을 당할 때에는 꽃으로 축하하고 꽃으로 위로의 뜻을 전한다.

시경詩經에 보면 이미 기원전 8세기에 공주를 '산매자 꽃'에 비유하여 칭송했다는 기록이 나온다. 또한 아름다움을 형상화하는 미술 부문에서도 그 시발이 꽃 그리기였다니 세상에서 가장 아름다운 존재는, 뭐니 뭐니 해도 꽃이라는데 이론의 여지가 없다.

하지만 꽃은 마음의 여유가 있어야 관심을 가지게 된다. 우리 속담에 '금강산도 식후경'이라는 말이 있듯이, 당장 의식주 문제가 어려운 형편에 어찌 꽃 감상 따위를 입에 올릴 수 있겠는가. 한 때 경조사慶弔事에 바치는 의례적儀禮的인 꽃을 놓고도 사치와 낭비의 표본인양 비난을 퍼부어댔던 일이 있었는데 이것도 다 이와 같은 맥락이라 할 것이다.

그런데 국민소득 2만 불 시대에 접어든 우리는 벌써 '꽃의 나라' 화란에 못지않은 애화국愛花國이 되어 가고 있다. 가는 곳마다 꽃 가꾸는 사람이 늘어나, 방방곡곡이 꽃 없는 거리가 없게 되었다. 경기도 고양시가 '세계 꽃 박람회'를 개최하여 '꽃 한국'의 이미지를 드높였음은 우리 모두가 자랑으로 간직하고 있는 터이다. 그러다보니 꽃은 이제 의식주에 못지않은 생필품 반열에 올라 우리 생활 깊숙이까지 파고들게 되었다. 사치와 낭비풍조의 대명사였던 그 꽃의 위상이 이렇게 변신 격상하게 된 것이다. 마치 김춘수 시인의 '꽃'의 의미처럼… 우리가 꽃의 효용가치를 인정하게 됨으로써 그 꽃은 우리에게 새로운 의미로 다가오게 된 것이다.

이러한 분위기를 생생하게 느끼면서 나는 매월 한 번씩 꽃의 고장을 찾아간다. 즉 원로시인 황금찬 선생을 비롯한 전 국제펜클럽 한국본부 회장인 김시철 선생과 전 한국문인협회 이사장인 성춘복 선생, 그리고 전 한국 여성문학인회 회장 정연희 허영자 선생 등과 함께 평창군 대화면에서 주관하는 하서 문학창작교실에 출강하고 있기 때문이다. 군내郡內 8개면에서 모여든 문학 지망생은 30여명에 불과하지만 그들이 내뿜는 문학의 열기는 대단하다. 약삭빠른 도시인에 비해 그 심성과 자세가 얼마나 의연하고 여유로운지….

김용수 대화면장은 이곳 주민들의 어진 성품에 대해 매우 의미 있는 설명을 해주었다.

"옛날에는 강원도 사람이라 하면, 산을 닮아 순후하고 과묵하다 하였지만 요새는 거기에 하나를 더 붙여서 꽃을 닮아 아름답다고 하지요. 제가 체험을 해보니 꽃을 감상하거나 가꾸는 일에 열중하면, 사악한 마음이나 잡념 따위가 싹 가시어지더군요."

그러면서 그는 지방공무원으로 출발하여 면장 직위에 오른 지금까지 줄곧 꽃을 심고 가꾸는 일에 전념해 왔다고 토로했다. 지금으로부터 17년 전인 88올림픽 때에는 대화면 총무계장 직에 있었는데, 전 세계에서 찾아오는 손님에게 무엇인가 따뜻하고 화평스러운 분위기를 보여주고 싶어서 관내 전 도로변과 공터에 '꽃 심기운동'을 전개하였더니, 그것이 큰 효과를 거두게 됨으로써 그에게 꽃 계장이라는 별명이 붙게 되었다는 것이다.

그 후 용평면장을 비롯한 몇 개면에서 봉직하였는데 그가 가는 곳에는 으레 꽃마을이 조성되어 갔다. 골목 어귀나 울타리 주변 그리고 넓든 좁든 간에 도로변에는 어김없이 꽃의 행렬이 늘어지게 되었다. 그렇게 해서 온 동네를 환하게 밝혀주고 주민들의 마음을 한결 안온하게 해 준 덕분으로 그에게는 새로이 꽃 면장이라는 애칭이 붙게 되었다는 것이다.

이를 계기로 그는 다시 한번 야심 찬 도전을 시도하고 있다. 이름 하여 야생화공원조성野生花公園造成인 것이다. 이미 확보한 천오백평의 밭에 '금낭화, 금강초롱, 벌개미취, 노루오즘' 등 5십여 종에 달하는 야생화를 심어 번식시키겠다는 것이었다. 이것이 성공되면 원하는 면민에게 분양하여 잊혀져가는 야생화의 맥을 잇게 함은 물론 주민들의 가계소득 증진에도 일조할 것이라고 기염을 토하는 그는 과연 '꽃 면장' 다운 철학도 갖고 있었다.

"꽃을 좋아하는 사람치고 나쁜 사람이 어디 있습니까? 인생의 향기는 물질보다 인정이요, 인정의 최고 향기는 꽃 같은 마음에 있으니까요."

남국의 향수

베트남을 떠나온 지도 벌써 9개월이 지나갔다.

지난 2년간 베트남 전지戰地에서의 생활은 어떻게나 바쁜 나날이었던지 그냥 후딱 지나쳐버리고 말았지만, 이제 또다시 옛 생활로 돌아갈 수 없는 아쉬움이 새삼 짙은 향수를 자아낸다.

비록 오랜 동안을 체류하면서도 월남생활을 속속들이 체험하지 못했던 나로서는 이제 어렴풋이나마 야자수 잎사귀에서 풍기는 낭만적인 시정詩情에 젖어본다. 그 옛날 화려한 오페라 극장이었던 프랑스식 건물의 시청은 전체가 석고상 무늬로 조화를 이루고 있어 우리 식의 관청이라는 이미지는 전혀 떠오르지 않는 관광명소였다. 흡사 나비의 날개 같은 아오자이 자락을 펄럭이는 여인들이 떼 지어 모여들던 분수대 부근, 그리고 풍부한 수량을 자랑하는 '메콩강'의 황토 빛 물굽이들이 손에

잡힐 듯한 정경으로 어른거린다.

지나간 일들은 모두가 다 그리움의 대상이겠지만, 아마도 이국異國에서 겪었던 로맨스만큼 강렬한 인상을 새겨주는 것은 없으리라. 지난 해 봄이었던 모양이다. 물론 상하常夏의 나라니까 계절적인 감각이야 별로 느끼지 못하지만. 그곳 사이공 주재 H신문사 특파원이었던 S형과 같이 명승지로 이름 높은 봉타우에 간 적이 있다. 사이공에서 헬리콥터로 30분 남짓 걸리는 거리였다. 사면이 바닷물결의 하얀 거품으로 에워싸인 이 섬은 궁형弓形의 해안선을 따라 갖가지 꽃들이 진초록 잎사귀와 조화를 이루어 마치 동화의 나라에 온 것만큼이나 우리를 황홀경에 빠뜨렸다.

그 중에서도 마른 나무에 빨간 정열의 꽃을 피우고 있는 목련은 퍽이나 인상적이었다. 이러한 절경을 그냥 주마간산으로만 보아 넘길 수 없어서 우리는 닥치는 대로 카메라 셔터를 눌러댔다. 그러면서 마리아상이 굽어보이는 '메인 비취'의 파라솔 아래서 야자수 액液을 빨아 마시기도 했고 떼굴떼굴 굴러가듯 올챙이배를 내밀고 다니는 흙빛 아이들을 쓰다듬으며 음료수를 나누어 주기도 했다.

다시 시가지로 나온 우리는 여기서 영원한 추억으로 새겨질 기념촬영을 하고, 후사면後斜面으로 이어지는 '백비취'의 고갯마루에서는 2차대전 때의 낡은 포탑이 걸려 있는 폐허에서 옛날의 격전을 상상해 보기도 하였다. 지금은 한낱 고철 값으로 홍정되어 인양해 놓은 녹슨 군함을 바라보며 그 속으로 사라져 간 뭇 생명들의 신음소리를 엿듣기도 했다. 가도 가도 무성한 잎사귀와 푸짐한 꽃들. 이곳은 전쟁을 아득히 지나쳐 온 평화의 섬인가. 우리는 이미 살벌한 전진戰塵의 티를 말끔히 씻고 있었다.

이윽고 밤이 되었다. 찬란한 오색등이 불야성을 이루고 있는 이곳 중심가는 온통 환락의 물결이 출렁대고 있었다. 통행금지가 없는 전지戰地의 도시, 적도 차마 이 평화의 섬은 건드리지 못하는 모양이었다. 어느 따이한(한국인의 애칭)이 경영하는 바에 들어섰을 때 많은 아가씨들 중에 유난히 눈에 띄는 미인 아가씨가 있었다. 워낙 짓궂고 바람기 많은 S형은 벌써 그녀를 자기의 파트너로 삼아버렸다.

이내 '개미허리'(월남여성의 가는 허리를 은유한 우리의 표현)를 얼싸안긴 그 아가씨의 표정은 의외로 따사로워보였다. 월남미인의 유일한 흠인 콧대마저 오뚝하여 한결 미가 돋보이는 아가씨였다. 물기가 고여 넘칠 듯한 눈동자는 무슨 사연을 담고 있는지 우수를 머금은 채 그늘져 있었다.

그러나 그 애띤 아가씨의 입술에서 경이驚異의 고백이 흘러나왔을 때 우리는 몹시 어리둥절했다. 그는 이미 전 남편을 남북전쟁에서 잃었고 몇 해 전에는 어느 따이한과 새 보금자리를 꾸며 두 살 난 아들까지 있으나 그 남편마저 귀국해 버린 지금에는 또다시 혼자의 몸이 되었단다. 이국의 남편을 기다리는 애틋한 정이 사무쳐 저렇듯 미인의 눈언저리는 우수에 그늘져 있었구나… 하는 생각이 들었다. 따이한만 보면 그냥 남편을 연상한다는 이 가엾은 청상靑孀은 그래서 처음부터 따사롭게 우리를 대했나 보다.

미인박명이라더니 어쩌면 이곳 미인들은 미망인의 미래상 같은 숙명이라도 지닌 것일까. 제법 장난끼가 심하던 S도 이처럼 눈시울을 뜨겁게 하는 사연을 듣다보니 마치 죽마고우의 옛 연인을 만난 듯, 한국인 특유의 연민의 정을 느껴 애써 피해야 할 처지에 이르고 말았다. 하지만 그 여인의 눈동자 속에는 오히려 이글거리는 정열이 튕기는 것 같았다. 그렁저렁 술을 들이 키다보니 밤은 어언 자정이 넘었지만 우리는 술에 취하기보다는 걷잡을 수 없는 이국풍정에 도취되어 가고 있었다.

그 때 멀리서 가까이서 해변을 두들기는 파도소리가 우리를 유혹했다. 갑자기 무슨 변덕이 일어났던지 우리는 서로서로 손을 잡아끌면서 바다로 나왔다. 달빛에 부서지는 파도소리는 우렁찬 파장공세로 우리를 엄습해 왔다. 숨 막히는 듯 물결을 타고 오는 열풍 속에 가슴이 확 트인 그녀는 모래알마다 반짝이는 해변을 토끼처럼 뛰어다녔다. 어느덧 말끔히 취기醉氣가 가신 우리는 치기稚氣마저 어린 동심으로 날뛰었다. 그날 밤 남국의 정사(?)는 그렇게 아쉬운 여운만을 남긴 채 끝나버렸지만 그녀의 수정같이 맑은 눈동자 속으로 호소하듯 속삭여 주던 순박한 정열을 나는 지금껏 잊을 수가 없다.

전쟁의 뒤안길엔 이렇게 애절하면서도 흐뭇한 이야기가 깔리기 마련이라 하지만 그 때마다 그런 정감이 솟아나는 것은 아닌가보다. 그 후 사이공 중심가의 어느 카페에서 S형과 다시 술잔을 앞에 놓고 대화를 나눌 기회가 있었다. 옛이야기처럼 지나간 정담을 나누면서 옆에 앉은 아가씨와도 제법 오랜 지기가 된 듯 짙은 농담까지 주고받았다. 그러나 그녀의 그늘진 속눈썹 속으로 애틋한 사연을 읽어 보려 하였지만 그냥 요염한 웃음만 남기고 이리저리 자리를 떠돌 뿐이었다.

지금도 도심의 꽃집 부근을 지나다가 파초 잎사귀만 보아도 무성한 열대수를 연상하게 되고 낭만의 시정이 감돌던 이국풍정에 나도 모르게 빠져들게 된다. 그날 그 애틋한 사연 속에 풍기던 어느 이름모를 여인의 강한 정념 탓이었을까…. 나는 가끔 이렇게 이국과 고국과의 뒤바뀐 향수 속에서 못내 아쉬움을 달래고 있는 것이다.

2년여의 주월군駐越軍생활을 마치고 귀국한 지 9개월. 무변無邊한 상하常夏의 정글을 누비면서 후다닥 지나쳐 버린 세월들이 짜릿한 회상 속에서 떠오른다.

사상 초유의 해외원정군의 일원으로 참전했다는 뿌듯한 감격에 못지않게 전장戰場의 뒤안길에 명멸한 숱한 추억의 편린들이 애틋한 애상곡으로 되살아난다. 뒤돌아보는 자신의 발자취에서 그립지 않은 것이 어디 있으랴만 난생 처음으로 이국풍정異國風情에 심취했던 나는 못내 그 곳에서의 환상에서 벗어나지 못하고 있다. 그래서 무엇인가 쓰지 않고는 배길 수 없는 강렬한 충동에서 펜을 잡은 것이 바로 이 “남국의 향수”이다.

이것은 그 후 고 조연현 선생에 의해 월간문학에 추천됨으로써 나의 데뷔작이 된 것이다.

눈을 감고 세상을 보자

우리의 눈은 시신경을 통해 사물을 식별하는 기능을 갖고 있다. 따라서 시각기능이 마비되면 사물을 식별할 수 없기 때문에 맹인이라 부른다.

그런데 요즈음 세상에는 앞을 못 보는 사람만을 맹인이라 하지 않는다. 글을 모르는 사람은 문맹인이요, 컴퓨터를 모르면 컴맹, 지혜가 없으면 지맹智盲, 덕이 없으면 덕맹德盲이라 부른다. 그러고 보면 이 세상에는 맹인 아닌 사람이 없을 것 같다. 아무리 시각기능이 온전한 사람이라 하더라도 6백 미터를 벗어나면 사물을 식별할 수 없으며, 그것도 캄캄한 밤중에는 한 발자국 앞도 분간할 수가 없다. 이것이 인간의 한계성이다.

또한 지식이라는 것도 마찬가지이다. 대학에서 무슨 무슨

학學을 전공하고, 명망 높은 대학자大學者를 사사師事하여 스스로 일가一家를 이룬 사람이라 하더라도 그가 알고 있다는 지식의 범주는 극히 편협偏狹된 일부분에 지나지 않는다. 우리의 지식을 하나의 원圓 속에 집합시켜 놓았다고 가정할 때, 원 안에 있는 지식의 면적보다 원 밖에 있는 무지의 면적이 더 넓은 것은, 바로 아는 것보다 모르는 것이 더 많은 인간의 한계성을 나타내는 것이라 할 수 있다.

가령 사백여 년 전 지동설地動說을 주창했던 코페르니쿠스나 갈릴레오를 심판한 로마학자들의 편견이 그렇고, 수년 전 무고한 사람을 살인범으로 단정하여 사형을 집행했지만. 진짜 범인이 그 후에 나타나 세상을 깜짝 놀라게 했던 일 등은, 역시 인간의 불완전성을 입증한 사례라 할 것이다.

어디 그 뿐인가. 육지와 바다의 대비對比를 놓고 말할 때, 육지는 바다의 삼분의 일밖에 안 된다는 것은 하나의 정설이다. 그러나 곰곰이 생각해 보면 바다 물을 담고 있는 받침 땅은 바로 육지가 아니던가.

그리고 물과 불의 성질을 놓고도 우리들의 인식에는 엄청난 오류가 빚어지고 있다. 즉 물은 언제나 위에서 아래로 흐른다고 설명하고 있다. 그래서 낮은 데로 낮은 데로만 흘러가는 물의 겸손을 배워야 한다고 모든 윤리학자들은 입을 모아 강조하고 있다. 이 설법에 대해서도 아마 이의를 제기할 사람은 아무도 없을 것이다. 그러나 강물의 근원은 빗물이며, 빗물은 구름에서 연유하고, 그 구름은 다시 수증기에서 연유하는 것이 아니던가. 그러니 물이 증발하여 하늘높이 치솟는 현상을 보면서 어찌 물은 아래로만 흐른다고 강변할 수 있겠는가.

또한 불의 특성에 대해서도 한번 생각해 보아야겠다. 성냥불이나 촛불을 켰을 때 그 불꽃은 위로 솟는다. 산이나 집에 화재가 발생했을 때에도 물론 그 화염은 위로 솟구치게 마련이다. 그러나 불의 근원은 태양이며, 태양의 광열은 수수 억 년 동안 한결같이 아래로만 내리 쪼이고 있지 않는가.

이렇게 보면 인간의 능력이란 결단코 불완전의 한계성을 초월할 수 없다는 것을 알 수 있을 것이다. 제아무리 시력이 좋은 사람이라 할지라도 자기의 육안으로 감지되는 인식만으로 모든 사물을 올바르게 파악했다고 할 수 없으며, 더 나아가 자기가 알고 있는 지식만을 고집하여 절대 진리라고 주장할 수도 없는 일이다.

이렇듯 볼 수 있는 것보다 볼 수 없는 것이 더 많은 인간의 한계성. 이것을 극복하는 길은 차라리 눈을 감고 세상을 보는 것이다. 눈을 뜨면 6백 미터 앞밖에 볼 수 없지만 눈을 감으면 더 멀리 무제한의 시공時空을 볼 수 있기 때문이다. 눈을 뜨면 마음의 눈은 닫치지만 눈을 감으면 마음의 문이 열려 무량세계를 담을 수 있기 때문이다.

요즈음 우리 사회에는 눈을 감을 줄 모르는 사람들 때문에 온통 사회혼란이 가중되고 있다. 너무 이해타산만을 앞세워

두 눈을 부릅뜨고 있는 사람들 때문에 온갖 비리와 부정의 물결이 끊이지 않고 있다. 눈을 뜬 채 돈을 보면 그저 물욕의 대상으로밖에 보이지 않는다. 그러나 눈을 감고 돈을 보라. 거기에는 수많은 독과 가시가 들어 있음을 알게 될 것이다. 우리가 음식물을 섭취할 때에도 뉘와 티는 골라내야 하거늘, 하물며 독과 가시가 들어있는 그 돈을 함부로 착복하고 어찌 무사하기를 바라겠는가?

마음은 생각을 담는 그릇이다. 그릇이란 어떤 것을 담느냐에 따라 그 용도와 가치가 정해진다. 즉 향을 담은 그릇에서는 향내가 나고 썩은 것을 담은 그릇에서는 구린내가 난다. 마찬가지로, 우리의 마음그릇이라는 것도 항상 의롭고 선한 생각만 담고 있으면 절로 고매한 인격의 향기가 발산된다. 그래서 이런 사람은 만인으로부터 우러름과 존경을 받게 되는 것이다.

"배움은 깨달음만 못하고 행동은 생각만 못하다"는 격언이 있다. 아무리 명문 대학에서 남의 추종을 불허하는 특귀特貴한 학문을 배웠다 하더라도 그 학문의 핵심적 진리를 깨닫지 못한다면, 그가 익힌 학문이 무슨 소용이 있겠는가. 또한 아무리 생활 덕목에서 실천적 행동이 중시된다 하더라도 생각 없이 마구 행동하는 사람을 보고 그 누가 존경하겠는가.

생각을 앞세우는 사람은 현명해질 수 있지만, 행동을 앞세우는 사람은 어리석어진다고 했다. 행동에 앞서 늘 생각하는 여유를 갖는 삶이야말로 이 시대 우리 모두가 추구해야 할 생활의 덕목이라 할 것이다.

지맹과 덕맹을 면하기 위해서라도, 우리는 항상 눈을 감고 세상을 보는 습관을 길러야겠다.

따로 국밥

옛날 대구에서 살던 시절, 나는 '따로 국밥집'을 즐겨 찾았다. 요즈음도 가끔 그때 생각이 나면 서울 시내에 있는 따로 국밥집을 찾아간다. 하지만 아무래도 그때 그 시절에 맛보았던 미각은 영 되찾을 길이 없다.

나는 그토록 유명했던 국밥 만드는 비결(?)같은 것은 모른다. 하지만 그 집 단골 고객들의 이야기를 들어보면 우선 그 집의 깍두기 맛이 천하일미라는 것이다. 또한 일년 내내 단 한번도 불을 끄지 않고 울궈내는 소뼈 국물에다가 듬성듬성 고기저름을 얹어, 거무튀튀한 질그릇 뚝배기에 담아 내오는 고깃국은 문자 그대로 진국이라는 것이다. 그야말로 진수진액眞髓眞液인 셈이다. 거기에다 전가傳家의 비법秘法에 따라 토란줄거리나 무 · 배추 · 시래기를 넣고 온갖 양념을 곁들여서

내는 국은 확실히 진미이면서도 진국이었다.

값 또한 저렴하여 부유한 사람이나 가난한 사람이나 허물없이 한자리에 앉아 서로 대접하고 대접받는 데도 별 부담이 없어서 좋았다. 더구나 숙취에서 깨어나기 어려울 때 텁텁한 막걸리 한 사발을 곁들여 들이키는 해장국은 쓰린 속을 일시에 풀어 주는 효험도 있었다.

그런데 아직도 풀리지 않는 의문은 왜 하필이면 '따로국밥'이라고 이름을 붙였을까 하는 점이다. 물론 그 집에는 밥 따로 국 따로만 나오는 것이 아니라 아예 국에다가 밥을 말아 주는 재래식 국밥도 있었다. 또한 곰탕이나 설렁탕집에서도 밥 따로 탕 따로 내놓는 경우도 있지만 '따로곰탕' '따로설렁탕'이라는 이름은 없지 않은가. 그러니 내 생각으로는 아마 밥을 말아 주는 국밥으로 시작하여 좀더 손님을 정중히 대접하려는 의도로 발전하다 보니 이렇게 변형되어진 것이 아닌가 하는 생각도 든다.

그러나 아무려면 어떠한가. 결국 밥과 국은 이름만 따로 일 뿐. 입 속에 들어가면 서로가 잘 어우러져 한결 조화로운 미각을 돋우어 주고 있으니 말이다. 여기서 우리는 따로따로라는 이질감보다는 몇 점의 고기와 선지, 양념과 국물, 밥과 깍두기 등이 혼연일체가 되어 동질화의 미각을 강하게 느끼게 해 주고 있음을 알 수 있다.

그러고 보면 따로국밥은 더욱 강한 동질화의 미각을 깨우쳐

주는 역설적인 제명題名이 아닐까. 그 깊은 의미는 씹을수록 맛이 나는 진국의 묘미와도 같으니 말이다. 우리가 살아가는 일상생활 속에서 누구나 부담 없이 사먹을 수 있는 따로국밥을 들면서, 우리의 인간관계도 이와 같이 각기 다른 개체들이 어울려 서로 교류 · 화합 · 조화되어 나갔으면 그 얼마나 좋을까 하는 생각도 해본다.

그런데 시각視角을 돌려보면 우리의 생활현상은 너무나 따로따로 노는 이질적異質的인 것만 같아 안타깝다. 어느 저명인사가 지적한 바와 같이 기도 따로 생활 따로, 염불 따로 마음 따로, 말 따로 행동 따로, 담장하나를 사이에 두고 이웃 따로 나 따로, 서로서로 공생공존 하자던 노사관계가 하루아침에 적대관계로 갈라져 노勞 따로 사使 따로, 원한어린 눈초리를 부라리는 오늘날의 세태를 바라볼 때에는 새삼 우리 인생에 대한 회의마저 느끼게 된다.

교회나 사찰에 가서는 그토록 이웃을 사랑하자고 목청을 돋우던 사람들도 정자 생활현장에 돌아 와서는 갑자기 피가 냉각된 탓인지 사소한 쓰레기 한줌을 놓고도 이웃과 온갖 분쟁을 벌이는 모습을 자주 본다. 또한 그렇게도 정의와 공명을 부르짖으며 깨끗한 선거를 통해 정직한 사람을 뽑자던 그 많은 지식인들도 막상 어느 입후보자가 뿌리는 지폐 몇 장과 향응공세에 도취되어 그만 지조를 팔아 버리는 현실을 보고 있노라니 과연 인간의 양심은 몇 개의 얼굴을 가질 수 있는가 하는 의분

심마저 든다.

어느 윤리학자는 '우리 국민의 약 9할 가량이 한 가지 이상의 종교를 가지고 있다고 전제하고 다음과 같이 개탄한 일이 있다. "만약 그들의 종교 교리를 절반만이라도 실천했다면 오늘날과 같은 무질서와 범죄행위는 발생하지 않았을 것이 아닌가?"라고. 참으로 공감되는 말이라 하지 않을 수 없다.

교회나 사찰 안에서는 그렇듯 독실한 신앙인인 양 거룩한 언동만 일삼던 사람도 일단 밖에만 나가면 일반 불신자에 못지 않을 물욕추구의 노예가 되어 가는 것을 보면 그야말로 '기도 따로 생활 따로'라는 말을 실감하게 된다. 모든 종교의 교리에는 '모르고 지은 죄보다 알면서 지은 죄가 더 크다'고 하지 않았던가. 그러고 보면 이 나라의 종교인들은 너나없이 모두 함께 통회하면서 이 시대의 병폐를 치유하는 데 앞장서 나가야 하지 않을까… 모름지기 개과천선을 위한 일차적인 사명감은 교육자나 정치 지도자에 앞서 우리들 모든 종교인이 져야 할 것이다.

평생을 두고 쌓아온 공덕의 탑이 하찮은 세속적 욕심 때문에 하루아침에 무너져서야 되겠는가. 종교가 지향하는 궁극적인 목적은 이타利他적 희생을 통해 평화를 이룩하고 그 화평 속에서 자기 구원을 실현하는 데 있는 것이 아닌가. 만약 종교를 단순히 천국이나 극락가기 위한 수단으로만 삼는다면 이 또한 이기주의적인 신앙이라 하지 않을 수 없을 것이다. 참된 사랑의 실천은 희생이 전제되어야 하며 참된 마음의 화평은 욕망에 얽힌 집착의 끈을 끊어 버려야 할 것이다.

일찍이 예수는 '이웃 사랑하기를 내 몸같이 하라'라고 하여 사랑의 실천을 강조하였고 석가는 '너와 나는 결코 따로 떨어진 별개의 존재가 아닌 한 몸이니 자타불이自他不二의 정신으로 모든 중생에게 자비를 베풀라'라고 설파하였다. 비록 시時·공空을 격隔한 두 성인의 가르침이지만 이렇듯 지향하는 사상이 일치하고 있음을 보니 우리는 결코 따로이면서도 따로가 아님을 깨닫게 된다.

그러고 보면 지난 60년 동안 이념과 제도 때문에 서로 따로 살기를 고집해 온 우리의 남북관계도 민족고유의 정서에 융합시켜 동질성을 회복해 나간다면 얼마나 좋을까. 마치 따로국밥이 따로가 아닌 융합으로써 그 진미眞味를 발휘하듯이.

'바다'이야기와 '바가'이야기

온 나라를 발칵 뒤집어놓은 '바다이야기'에 정신을 팔고 있노라니, 불현듯 '바가' 이야기가 생각난다. 바다와 '바가'는 어음상語音上으로는 비슷하게 들리지만 그 뜻은 영 판이하다. 그럼에도 불구하고 왜 이렇게 연상작용連想作用이 일어나는 것일까.

바다이야기는 성인 오락게임이라는 이름으로 우리나라 전국에 만 오천여 개 업소를 허가하여 온 국민으로 하여금 도박중독증에 걸리게 한 대 사건이다. 불과 일년도 안 되는 사이에 이 바다이야기 게임에 몰려든 돈이 28조 6천억이었다니 이 어찌 망국풍조라고 하지 않을 수 있겠는가.

땀 흘리지 않고 돈벌게 해준다는 불한당不汗黨 들의 꼬임에 놀아난 서민 대중들. 농민과 도시민을 불문하고 도박증후군에 감염된 사람들은 지금 이 희대의 사기극 '바다이야기'에 빠져 허우적거리고 있다. 아니 이 나라 방방곡곡에서 단말마적 비명을 지르며 분노와 허탈감을 곱씹고 있는 것이다.

그런데 정부에서는 "정책의 잘못은 인정하지만 그 과정의 비리는 없었다."고 미리 발뺌부터 하고 나왔다. 조사도 하기 전에 비리가 없다는 단정도 사리에 맞지 않거니와, 잘못된 정책이라면 그 자체가 비리의 소산일 텐데 이 무슨 해괴한 말장난을 꾀하고 있는지 모르겠다.

이처럼 사건의 본질을 놓고 호도하려는 말장난을 우리는 지록위마指鹿爲馬라는 중국고사에서 익히 알고 있다.

중국 최초로 천하통일을 이룩한 진시황이 죽은 후 온갖 간계로 무능한 태자 호해胡亥를 이세황제二世皇帝로 등극시킨 조고趙高라는 간신은 스스로 재상이 되어 모든 정사를 전횡하기에 이른다. 그리하여 종내에는 스스로 황제가 되려는 엉뚱한 야욕까지 품고 자기에게 순종할 조정중신들을 선별하는 흉계를 꾸미게 된다.

하루는 문무백관들이 참석한 어전회의御前會議 석상에서 조고는 사슴 한 마리를 끌고 와 임금에게 바치면서 "이 말은 흉노족이 가장 아끼는 명마名馬인데, 폐하를 위해 진상하오니 애용하시기 바라옵니다."라고 하는 것이었다. 임금은 하도 어이가 없어서 허허 웃으며, "승상은 참으로 이상한 말을 하는구려. 이것은 사슴이지 어찌 말이란 말이요?"라고 나무랐다.

그런데도 조고는 눈썹하나 까딱하지 않고, "그러면 이것이 말인지 사슴인지 이곳에 있는 만조백관에게 물어보시옵소서." 라고 하는 것이 아닌가. 그러자 정의감이 강한 몇 몇 승상은 "폐하의 말씀이 옳습니다. 이것은 말이 아니고 사슴이옵니다."라고 한데 반하여 약삭빠른 여타의 아첨배들은 "이것은 조고 재상의 말씀대로 명마가 틀림없사오니 어서 소납笑納하시옵소서" 라고 하는 것이었다.

사태가 이렇게 발전되다보니 바른 말을 한 몇 몇 사람들은 조고의 살생부에 등재되었다가 훗날 아무도 모르게 처형당하는 비운을 맞게 되었음은 물론이다. 그러한 와중에서 이세황제인 호해는 조고를 불러 말하기를 "짐은 천하의 쾌락을 다 누리면서 일생을 마음 편히 살고 싶으니 모든 정사는 경이 알아서 처리해 주기 바라오!" 라고 하여 조고의 전횡을 추인하고 말았던 것이다.

이리하여 조고는 자기의 경쟁자인 이사李斯를 죽이고 선제先帝의 충신들을 모조리 제거함은 물론 더 나아가 왕자까지 살육함으로써 명실 공히 일인지하만인지상一人之下萬人之上의 실권을 장악하기에 이르렀던 것이다.

하지만 조고 역시 자기가 세운 삼세황제三世皇帝 자영子嬰에 의해 피살의 비운을 맞게 되었으니 민심은 곧 천심이라는 말이 헛된 것이 아님을 입증한 셈이다. 이렇듯 역사의 지침指針은 언제나 사필귀정事必歸正을 가리키고 있음을 생생하게 보여주는 예화라 하겠다.

일본어日本語에는 바보나 멍청이를 가리켜 '바가' 라고 한다. 더 비하하여 욕설조로 말할 때에는 '바가야로'라고 한다. 이 '바가'는 마록馬鹿이라는 한자로 표기하여 일반적으로는 바보나 멍청이를 지칭한다. 그러나 이 말의 참뜻은 위의 고사를 어원語源으로 하여 "사슴을 가리켜 말이라고 우기는 자, 잘못된 것을 위압적으로 협박하여 멀쩡한 사람을 바보로 만드는 자, 그리고 남을 속여 옳은 것을 그르다 하고 그른 것을 옳다고 억지 쓰는 자를 빗대서 하는 말"인 것이다.

객관적으로 단순화시켜 놓고 볼 때에는 사슴을 가리켜 말이라고 하는 자가 바보로 보일 수도 있다. 하지만 이것을 상대방에게 강요하여 그 억지 논리를 마지못해 긍정케 하는 짓은 오히려 상대방을 바보로 만드는 행위가 아니던가. 그러므로 이런 것은 철두철미 계산된 간계나 협박이 아니고서는 도저히 상상도 할 수 없는 일이라 할 것이다.

원래 일상적으로 파생되는 사회문제에는 정답이 없다. 각양각색의 인간욕구를 하나로 통합시킬 수 없기 때문에 그것을 해결하는 데 있어서도 한 가지의 해답만을 도출하기는 어렵다. 그러나 잘못된 정황情況을 정확하게만 파악하면 그것을 바로잡고 개선하기 위한 처방은 의외로 간단할 수 있다. 마치 의사가 환자를 치료할 때 정확한 진단診斷을 필요로 하는 것처럼, 우리는 이 사건의 정확한 진상부터 알아야 할 것이다.

국정의 최고 책임자가 사과까지 한 마당에 왜 아직도 그 진상이 밝혀지지 않고 있는지, 또 그 실패한 정책입안의 책임자를 가려내어 준엄하게 처벌하겠다는 결의는 왜 보여주지 않고 있는지 모르겠다. 사건처리가 늦어지면 늦어질수록 의혹은 점점 증폭되어 민심은 더 흉흉해지기 마련이기에 하는 말이다.

그간 사방에서 불거져 나온 대소 사건들도 손바닥으로 하늘을 가리려는 간계나, 지록위마 식 협박성 말장난으로 끝나서는 아니 된다. 온 국민이 한 점의 의혹도 없이 납득할 수 있도록 소상하게 밝혀져야 할 것이다.

지금 온 나라를 시끄럽게 하고 있는 이 '바다이야기'가 저 '바가이야기'의 닮은꼴이 되지 않기를 바라는 마음은 어찌 필자만의 소회라 할 것인가.

바른 말과 곧은 신념

바른 말과 곧은 신념은 우리 선조들이 끝까지 지키고자 했던 정신적인 지주였다. 선비는 자기를 알아주는 사람을 위해 목숨을 바친다는 말도 바로 자신이 주창하는 말과 신념을 인정받았을 때는 죽음도 가리지 않고 충성을 다한다는 뜻이다.

우리 역사를 더욱 빛나게 한 사육신의 경우는 그 대표적인 실례라 하겠다. 사기가 옳다고 생각하는 신념을 지키기 위해 한 목숨을 초개와 같이 버린 선비들의 지조가 있었기에 우리의 역사는 이렇게 찬연히 빛나고 있는 것이다.

그러나 고금을 막론하고 궤변이 홍수처럼 범람하는 시대에는 바른 말과 곧은 신념을 지키기가 매우 어렵다. 더구나 오늘날과 같이 생존경쟁이 치열한 시대에는 말과 글의 기법도 교묘해져서 쉽사리 검은 것을 흰 것으로, 틀린 것을 바른 것으로 둔갑시키는 경우를 많이 보고 있기 때문이다. 뻔히 틀린 내용인줄 알면서도 말과 글에 현혹되어 곧잘 설득 당하는 수가 있고 또한 말하는 사람이나 글 쓰는 사람 역시 자신의 주관이나 소신과는 상관없이 자기가 속한 집단의 이익만을 대변하는 일이 허다하다. 기技가 도道를 이기는 시대라 해도 과언이 아니다.

흔히 지도급 인사들은 자신의 경륜을 후세역사에 맡긴다고 하지만 과연 후세의 사가들이 그 얼마나 정론正論의 필봉筆鋒을 휘둘러줄지 모르겠다. 요즘 자신의 업적을 마구 미화하는 회고록 붐을 보고 있노라니 새삼 동호직필董狐直筆의 고사故事가 떠오른다.

춘추전국시대의 일이다. 당시 진나라의 폭군인 영공靈公을 몰아낸 조둔趙遁의 정변은 매우 정당했다. 하지만 사관史官이었던 동호董狐는 사초史草에 기록하기를 '을축년 가을 7월에 조둔이 도원에서 그의 임금을 죽였다'라고 하여 그 정변의 책임을 조둔 한 사람에게만 지웠던 것이다.

그 후 여전히 승상 자리에 있던 조둔이 뒤늦게 이를 알고 사관을 불러 항의했다. "태사太史는 이 사초를 잘못 적었소. 그 당시 나는 임금이 죽은 곳에서 무려 2백 리나 떨어진 곳에서 피신하고 있었소. 그런데 그대는 임금을 죽였다는 끔찍한 허물을 나에게 씌웠구려. 후세 사람들이 이를 보면 나를 역적이라 할 것이니 속히 고쳐주기 바라오."

한참 듣고 있던 사관은 자못 엄숙한 표정을 지으며 다음과 같이 대답하는 것이었다.

"대감은 승상 직에 있는 몸으로 비록 피신을 했다고 하나 국경을 넘지 않았고 서울에 돌아와서는 그 범인을 색출하여 처벌하지 않았으니 아무리 변명한들 그 누가 승상을 믿어주겠소?"

이렇듯 역사의 심판은 준엄한 것이다. 공자가 춘추春秋를 집필하기 이전의 역사는 대개 위정자의 치적이나 언동을 미화하는 기록에 지나지 않았다. 그렇기 때문에 거의 그 시비곡직是非曲直이 가려지지 않은 채 혼돈 속에 있었다. 그러던 것이 춘추가 나옴으로써 군왕과 신하들의 선악시비가 공정하게 평가되었으며 이것을 계기로 위정자의 책임영역을 확대 해석하여 엄하게 꾸짖게 되었던 것이다.

그래서 후세의 선비들은 말을 할 때에도 춘추필법, 글을 쓸 때에도 춘추필법을 역설하게 된 것이다.

일찍이 우리 선현들은 칼끝 혀끝 붓끝을 하나의 개념으로 풀이했다. 즉 칼끝을 뽑은 이상, 혀끝으로 말을 내뱉은 이상, 붓끝으로 글을 쓰는 이상은 생사의 명운을 걸고 임했던 것이다. 하지만 굽히지 않는 신념에는 많은 화가 따랐다. 일찍이 곧은 신념, 바른 말을 주청하다가 화를 당한 선비들을 생각하면 절로 숙연해지는 마음 금할 수 없다.

곡학아세曲學阿世하여 시류時流에 편승하는 삶을 산다면 일시적이 평안은 도모할지 모른다. 그러나 진실과 영원성을 주축으로 하는 긴 안목으로 보면 그것처럼 불행한 일도 없을 것이다. 지금도 젊은 세대들에게 널리 읽히고 있다는 친일 문학론을 보고 있노라면 당시 우리 민족의 정신적 지주라고 할 수 있는 그 명사들의 변절이 얼마나 우리를 서글프게 했는지를 새삼스럽게 곱씹어보게 된다. 지조론을 쓴 사람이 스스로 지조를 저버리는 글을 썼으니 후세 사람들이 그의 글을 어찌 흠모하고 감동할 수 있겠는가.

이렇듯 역사의 심판이란 반드시 특정 위정자에게만 국한되는 것이 아니라 우리 사회의 모든 지도급 인사들에게도 공통적으로 적용되는 문제라 여겨진다.

이 시대 바른 말과 곧은 신념을 지켜나가는 지도자를 그리워함은 비단 필자만의 소회는 아닐 것이다.

바보의 지혜

언젠가 희대의 살인마 유영철에 대한 기사가 온통 매스컴을 장식한 일이 있었다.

여자와 부유층만을 골라 무차별적인 살인행각을 벌인 그는 체포 당시 반성이나 회개한다는 말은 한마디도 하지 않았다. 참으로 끔찍스러운 일이었다. 아무리 말세 증후군이 심화되고 있는 세태라고는 하지만 자기에게 아무런 해를 끼치지 않은 선량한 사람을 그렇게까지 참혹하게 살해할 수는 없지 않은가.

왜 그랬을까…? 아내가 자기를 버리고 떠나갔다고 해서 모든 여성을 어찌 적대시할 수 있으며, 이웃이 자기보다 잘 산다고 해서 어찌 증오의 대상으로 삼을 수 있단 말인가. 세인들의 푸념 그대로 그는 용서할 수 없는 악마임에 틀림이 없다. 온전한 사람의 이성이나 감성으로는 도저히 납득할 수 없는 일이기 때문이다.

하지만 곰곰이 생각해 보면 그는 심산유곡에서 외톨이로 살다가 악의 병균에 감염된 것은 아니다. 우리와 똑 같은 세상에서 똑 같은 생활방식으로 살아가는 가운데 그렇게 이지러졌던 것이다. 세상이 하도 의롭지 못하고, 참되지 못하고, 오직 자기만을 위해 줄달음질 치다보니 잠시도 이웃에 대한 배려나 관심을 가질 여유가 없었던 것이다.

요즈음 사람들은 모두가 하나같이 약고 똑똑하다. 그래서 어렵고 힘든 일은 하지 않는다. 또한 조금도 손해 보는 일은 하지 않으려는 고질적인 악습에 젖어있다. 그러다보니 비정상이 정상이 되고, 악이 선이 되고, 비非가 시是가 되는 가치전도 현상이 보편화되어 온 사회가 어지러워지고 있다.

사실 약고 똑똑하다는 것은 현명의 대명사가 아니다. 현명이란 오히려 어리석음 속에 깃들어있음을 현대인들은 모르고 있다.

길모퉁이에서 한 바보소년이 구걸을 하고 있었다. 그런데 그 소년은 손님들 한데서 십 원짜리 동전만 받아서 깡통에 넣고 있었다. 어쩌다가 백 원이나 5백 원짜리 동전을 주어도 그는 끝내 사양하면서 주인에게 되돌려 주는 것이었다. 그래서 사람들은 그를 가리켜 바보소년이라는 이름을 붙여 주고 매일같이 십 원짜리 동전을 던져 주고 지나갔다. 하루는 동네 유지 한분이 그 소년에게 다가가 조용히 충고를 했다.

"이 녀석아! 기왕에 구걸할 바엔 백 원이나 오백 원짜리 동전을 받으면 더 벌 수 있지 않느냐?"

"아닙니다. 제가 백 원이나 오백 원을 받으면 한두 번만 던져주고 그쳐버리지만, 십 원씩만 받으니 이렇게 매일같이 저를 보러 오지 않습니까?"

이 말을 듣고 있던 그 유지는 무릎을 치면서 감탄해 마지않았다. 바보에게도 지혜가 있다는 말의 뜻을 뒤늦게 깨달았기 때문이다. 아니 무욕無慾이 대욕大慾이라는 선현先賢의 깨우침을 그 소년을 통해 새삼스럽게 음미할 수 있었기 때문이다. 그렇다. 진짜 바보는 나중에야 알아차리지만 현명한 바보(?)는 미리미리 앞일을 예견하고 행한다고 하지 않았던가.

그러고 보면 오늘날 한 치의 양보도 없이 '제똑똑'으로 사는 사람들이야말로 '헛똑똑'의 바보가 아닐까, 하는 생각을 지울 수가 없다. 남을 밀치고 앞으로 나가는 생활에 길들여진 사람은 결국 남을 해치고 자기 욕심만 챙기는 일도 서슴지 않게 된다. 저 흉악범 유영철의 경우도 이 틀에서 벗어나지 않았다고 해야 할 것이다. 자신의 IQ 가 142라고 밝힌 것을 보더라도 스스로의 판단으로는 자기가 무척 똑똑하다고 생각했던 모양이다.

그러나 진정으로 똑똑한 사람은 먼저 바보가 되는 것을 배운다는 이치를 그는 몰랐던 것이다. 사람은 똑똑한 사람 편에

서기를 좋아하지만 신神은 늘 바보 편을 들어준다는 철리도 그는 몰랐던 것이다. 더구나 세상 사람들이 업신여기는 바보는 그 마음이 맑아서 신의 축복을 받는다는 천애天愛의 고사도 몰랐던 것이다. 만약 그가 지니고 있는 명석한 두뇌와 예술적 재능을 숙련하기 위해 묵묵히 바보처럼 정진했더라면 저런 비운의 주인공은 되지 않았을 것이 아닌가. 참으로 안타까운 일이다.

성서에 보면 백 마리의 양을 치는 사람이 잃어버린 한 마리 양을 찾기 위해 아흔아홉 마리의 양을 그대로 둔 채 찾아 나선다는 말이 나온다. 이치상으로 따진다면 이보다 더 어리석은 사람은 없을 것이다. 한 마리를 찾기 위해 아흔아홉 마리 모두를 잃을 수도 있기 때문이다. 하지만 이 글의 참뜻은 '잃어버린 것을 다시 찾는 기쁨'이야말로 그 무엇과도 바꿀 수 없는 가장 귀하고 값진 것이라는 것을 역설한 말이다.

우리는 지금 너무나 많은 것을 잃어버리고 있다. 그렇게 귀하고 값진 것을 잃어버리고도 아쉬워하는 기색도 보이지 않고 있다. 무조건 새로운 것만 찾아 앞만 보고 달려 나간다. 선조들이 물려준 찬란한 역사와 주옥보다 더 귀한 명심훈明心訓들이 수없이 있건만 그것들을 모조리 잃어버리고 있는 것이다.

예로부터 "이익만 탐하는 자는 반드시 화를 입게 된다."는 탐리필화貪利必禍의 교훈이 있다. 또한 "얻기를 탐하는 자는 금을 가지고 있으면서도 옥을 취하지 못한 것을 한탄하고, 후

작에 봉해지고서도 공작을 받지 못한 것을 원망한다."는 말도 있다. 우리가 이런 것들을 늘 마음에 새기고 계훈戒訓으로 삼았던들 오늘날처럼 욕심 때문에 빚어지는 온갖 불행은 미연에 예방할 수 있지 않았을까….

마음을 밝힌다는 명심明心은 바로 마음을 깨끗하게 한다는 뜻이다. 깨끗한 마음이 아니고서는 깨끗한 삶을 살 수가 없다. 금金으로 만든 잔盞이라도 거기에 오물이 묻은 채로 물을 담아 준다면 아무도 그 물은 마시지 않을 것이다. 하지만 비록 유리잔이라 하더라도 깨끗하기만 하면 뭇사람으로부터 사랑받는 그릇이 될 것이다.

진정으로 마음을 깨끗이 하고 현명하게 살려면 먼저 바보들의 지혜를 배워야 할 일이다.

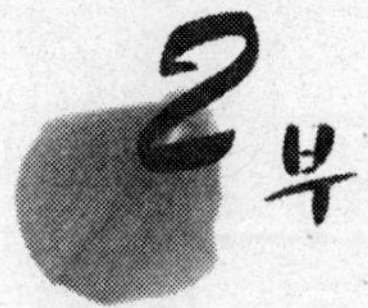
2부

봄이 오는 길목에서

우수와 경칩이 지났으니 봄의 서곡이 울려 퍼질 만도 한데, 유난히 변덕스러운 날씨는 아직도 몸과 마음을 움츠러들게 하고 있다. 오늘 아침 또다시 강원도와 호남지방의 폭설 뉴스를 접하고 보니 새삼 기상이변의 심각성을 곱씹게 된다.

사람들은 이런 추위를 가리켜 꽃샘추위라고 한다. 신神까지 시샘한다는 봄의 길목에는 으레 이런 짓궂은 훼방꾼이 지나간 후에야 봄의 진미를 맛볼 수 있다. 비 온 뒤의 하늘이 더 청명하듯 매운 한파가 지나간 후의 꽃의 향연은 한 층 더 황홀하게 열릴 것이다.

옛 선인들은 이런 꽃샘추위를 두고 "심술궂은 용두 할머니가 며느리 골탕 먹이는 추위"라고 풀이했다. 집안에만 갇혀있던 며느리가 오랜만에 고운 옷을 차려입고 봄나들이를 하는 때에 갑자기 비바람을 일으켜 이를 방해하려는 심술궂은 장난이라는 것이다. 물론 이 설화를 표면적으로만 풀이하면 시어머니의 사나운 심술이라고 단정할 수도 있을 것이다. 하지만 여기에 내재된 진정한 의미는, 봄이 되면 마음 들뜨기 쉬운 며느리들에게 유비무환의 경계심을 일깨워 주는 것이라 할 수도 있다.

예로부터 우리 선현들은 호사다마好事多魔라는 경구를 즐겨 써왔다. 이것은 대개 일상생활 속에서 발생하는 수많은 돌발적인 사고 사건들이, 거의 다 좋은 일의 끝자락에서 일어난다는 경험치를 중심으로 사전 경고의 뜻을 담고 있는 것이다. 따라서 항상 시어머니의 눈치를 살펴야 하는 며느리의 마음처럼 잠시도 조심성을 풀어 놓아서는 안 된다는 훈고라 해도 좋을 것이다.

자연 현상으로 빚어지는 반갑지 않은 꽃샘추위. 이것에마저, 각별한 의미를 부여하여 심적 해이를 예방해 온 조상들의 슬기가 놀랍기만 하다. 어디 그 뿐인가. 이 꽃샘추위와 거의 때를 같이하여 찾아오는 황사현상에 대해서도 우리 조상들은 일찍부터 긍정적인 자세로 수용하여 생활의 지혜로 삼았으니 말이다. 즉 이 황사현상은 꽃눈을 싣고 오는 "흙비"라고 의미를 부여했다.

이 "흙비"가 지나가야 모든 초목이 튼실한 새싹을 틔우게 된다는 의식전환으로 미리미리 그에 대한 기피증이나 거부감을 다스려 나갔던 것이다. 참으로 경이로운 착상이라 하지 않을 수 없다. 황사가 싫으면 그 영향권에서 벗어나야 하며, 그러기 위해서는 주거지를 옮겨야 한다. 하지만 그럴 수 없을 바에는 차라리 이 불편과 더불어 살아가야 하는 정신자세를 가다듬어야 하기 때문에 이런 식의 발상전환을 시도했는지도 모르겠다.

황사바람은 몽골과 중국 북부지방의 사막지대에서 발생한 모래 먼지가 강한 편서풍을 타고 우리나라와 일본상공을 거쳐 태평양으로 이동하는 현상이다. 3월부터 5월 사이에 찾아오는 이 황사는 무려 7백만 톤의 먼지를 싣고 와 골고루 뿌려준 후 소멸한다.

오랜 세월을 통해 연구한 결과, 이 "흙비" 속에는 규소를 비롯한 황산염과 질산염 등의 염기성이 함유되고 있어 날로 산성화 되어가는 우리 땅을 중화시키는 효과도 가져다주고 있다고 한다. 그러니, 거부보다는 수용하는 자세로 전화위복을 창조해 낸 우리 조상들의 슬기에 감탄하지 않을 수 없다.

문득 어줍지 않은 즉흥시조 한 수를 읊어 본다.

흙비야 알고 있다 속 깊은 너의 뜻을
희뿌연 황사먼지 뉘라서 좋으랴만
꽃눈 틔워 새봄 여니 내 어이 마다하랴

그러고 보면, 비록 불청객인 흙비나 꽃샘바람이라 하더라도 우리는 반가운 손님으로 맞이할 수 있을 것 같다. 산 넘고 바다 건너 멀리멀리 날아오는 흙비. 코 막고 눈 가리며 법석이야 떨겠지만 살포시 꽃눈 틔우고 물러서는 그 흙비를 우리는 오히려 고맙게 여겨야 하겠다. 이것이 곧 저 얄미운 황사현상을 극복하는 슬기가 아닐까.

이제 아무리 꽃을 시샘하는 늦추위가 기승을 부린다 해도 오는 봄은 꼭 오고야 말 것이다. 벌써 얼어붙은 꽃봉오리 속으로 스며드는 햇살이 전에 없이 따사롭게 다가온다.

산심여정山心餘情

'왜 산에 오르느냐'는 질문에 '산이 거기 있기 때문에…'라고 말한 영국 등반가 조지 말로리의 명언도 이제는 별 감동을 주지 못할 것 같다. 현대 산업문명의 틀 속에서 쫓기는 업무와 심한 스트레스 속에서 생활해야 하는 현대인에게는 산을 찾고자 하는 구체적 이유가 너무나 많아졌기 때문이다.

나는 원래 게을러서 자주 산을 찾지는 못하지만 어쩌다가 마음이 울적할 때나, 몸속에 신경통 같은 증상이 쑤셔올 때는 새로운 기분전환 요법으로 곧잘 산을 찾는다. 산은 계절에 따라 그 정감이 다르다. 그러나 산정山情의 진수를 맛보려면 겨울 산이 더없이 좋다.

일찍이 조지훈은 그의 수필 '돌의 미학'에서, '돌의 맛, 즉 이끼 낀 수석의 묘경을 모르고서는 동양의 진수를 알았다고 말할 수 없다'고 했는데, 참으로 공감이 가는 명언이라 하지 않을 수 없다. 어디 이끼 낀 수석뿐이랴. 형용할 수 없는 온갖 기암괴석과 앙상한 나목의 숲에서 떼지어 지저귀는 산새의 모습들은 어떠한가. 그리고 두꺼운 얼음 속으로 졸졸 흘러내리는 석간수를 보고 있노라면 이는 바로 한 편의 시요 음악임을 실감케 된다. 그야말로 인자요산 지자요수仁者樂山知者樂水의 경지를 실감하게 될 것이다.

하지만 산행의 묘미는 이러한 외형적인 데만 있는 것이 아니다. 그 내면으로 느껴지는 진미를 터득해야 비로소 산을 안다고 할 수 있지 않을까. 헐떡거리는 심장의 고통을 달래가며 한발 한발 앞으로 나아가면 축 늘어지는 육신의 고통 속에서도 한 가닥 극기의 희열을 느낄 수 있다. 진정한 낙은 고통을 통해서만 얻어진다는 인생의 철리도 이런 과정에서 깨닫게 되는 것이다. 정녕 고苦를 낙樂으로, 애哀를 환歡으로 바꾸고자 하는 순수쾌락주의자가 있다면 모름지기 산을 찾을 일이다.

군데군데 쌓인 흰눈자락을 밟으며 귀와 뺨에 따갑게 와 닿는 냉기 속을 걸어 보라. 그러면 굳어진 육신이 봄눈 녹듯이 확 풀리는 쾌감도 맛볼 것이다. 그것은 영육일치감으로 다가오는 품격 높은 안식이라 해도 좋을 것이다.

그런데 뭐니 뭐니 해도 산에 오르는 쾌감의 절정은 정상 정복에 있다. 누구나 공통적으로 느끼는 것이지만 산정을 앞둔 팔부능선쯤에서 한번쯤은 좌절감을 맛보게 된다. 기진맥진의 피로를 감당할 수 없어 그 자리에 주저앉거나 포기해 버리고 싶은 유혹이 자꾸만 발길을 잡아당기기도 한다. 결국은 승패의 기로에서 벌이는 자신과의 마지막 싸움이라 하겠다.

'남을 이기려면 자기 자신부터 이겨야 한다'는 교훈을 다시금 곱씹어 보며 최후의 결전을 감행해야 한다. 이렇게 해서 성취한 정상정복의 쾌감은 그 무엇에도 비교할 수가 없다. 아마 세계 제일의 고봉을 정복한 등반가들의 쾌감도 이런데서 비롯되었을 것만 같다. 비할 바 없는 그 때의 희열은 천상천하 유아독존의 기백 바로 그것이다. 높을 대로 높아지고 넓을 대로 넓어진 호연지기. 이것은 곧 세속의 번뇌와 갈등 따위를 비웃을 만도 한 것이다.

산 정상에서 내려다보는 세속의 풍경은 또 어떠한가. 모든 인간사가 한줌 손아귀 속에서 노닥거리는 장난감처럼 느껴지지 않는가. 마치 성냥갑을 세워놓은 듯한 아파트 군이나 개미집 같은 주택에서 아물거리는 사람들을 내려다보면 인간이 얼마나 보잘 것 없는 존재인가 하는 생각도 든다.

일찍이 서산대사는 그의 시구 속에서 '만국 도성이 모두 개미 둑 같고 수많은 호걸도 초파리 같은 미충微蟲인 듯하다'라고 하지 않았던가. 또 무위자연의 철인 장자도 '석화광중石火光中에서 장단長短을 겨루니, 그것이 얼마 되는 세월이며, 달팽이 뿔 위에서 자웅雌雄을 다투니 그것이 얼마나 큰 세상이겠는가?' 라고 읊지 않았던가. 인생을 넉넉잡아 백 년이라 한들 무한대의 우주광년에 비하면 전광석화 속에 번뜩이는 찰나의 불빛과 다를 바가 없을 것이고, 또한 이 세상이 아무리 넓다고 한들 저 광활 무변의 우주에 비하면 한낱 달팽이 뿔 정도의 면적에 불과하지 않을까….

그래서 장자는 그 특유의 우화를 통해 쉼 없이 분쟁만 일삼는 인간들을 꼬집고 있는 것이다. 즉 '달팽이의 왼 뿔 위에 촉이라는 나라가 있고 그 오른 뿔 위에는 만이라는 나라가 있는데, 이들은 수시로 영토확장을 위해 전쟁을 하게 되니 수만호가 항복하여 북쪽으로 쫓겨 갔다가 다시 한달도 못돼 되돌아오고 있다'고 비유했다. 이는 비좁은 세계에서 자질구레한 이해득실 때문에 아귀다툼하는 인간상을 풍자한 말이다. 이 얼마나 달관과 통찰력을 보여주는 대인지풍大人之風인가.

공수래공수거空手來空手去, 결국 남는 것은 허무뿐인데 세상인심은 왜 이다지도 아귀다툼에만 혈안이 되고 있는가. 새삼 자질구레한 세속의 욕망번뇌 따위가 어리석게만 느껴진다. 어쩌면 우리는 노루나 꿩에만 홀려 숲도 산도 못 보고 헤매는 포수는 아닌지 모르겠다.

산정에 올라보면 우리는 실상과 허상, 이승과 저승, 이 모든 것을 포용하고 일원화시켜주는 대인지풍大人之風을 배우게 된다. 또한 거대한 웅자를 드러낸 채 침묵만을 고집하는 산의 겸손도 배우게 된다. 그러면서 그 무언의 암시에 귀를 기울이면 산은 또 영감의 속삭임으로 우리에게 산심여정山心餘情을 일깨워준다.

‘네 인생의 수수께끼가 풀리지 않거든 언제든지 산으로 오라! 그리하면 네 인생행로의 참 길잡이가 되어 주리라….’라고 하면서.

삼사일언

삼사일언三思一言이라는 말이 있다. 한마디의 말이라도 세 번쯤 생각한 후에 하라는 이 경구는, 일상의 대인관계에서 말과 행동이 얼마나 중요한 것인가를 극명하게 일깨워 주는 말이다.

그런데 요즈음 사람들은 오히려 말을 못하면 손해를 본다는 고정관념에 사로잡힌 나머지 어떻게 해서든지 남보다 많은 말을 하려고 애를 쓴다. 그래서 마구 다변多辯과 열변을 토해낸다. 간혹 운전 중에 접촉사고라도 날라치면 서로의 잘잘못을 가리기 전에 말싸움부터 앞서는 것이 우리의 현실이다. 어떤 사람은 다짜고짜로 싸움부터 하다보니 서로 사돈지간인 줄도 몰랐다는 웃지 못 할 희극도 있었다.

몇 해 전의 일이었다. 가까운 친구끼리 모여 회식을 나누던 자리에서 뜻하지 않은 언쟁이 벌어졌다. 대수롭지 않은 농담이 화근이 되어 서로 얼굴을 붉히는 지경에까지 이르렀다. 웃으면서 건네는 농담을 고깝게 받아들인 한 친구가 과민한 반응을 일으켰기 때문이었다.

그의 흥분은 좀처럼 수그러들지 않았다. 마치 절교라도 선언하듯 마구 극언까지 토해내는 바람에 그 날의 회식은 어쩔 수 없이 중도에서 파장하고 말았다. 평소 참을성이 부족한 성품에, 말 또한 생각 없이 쏘아대는 다변가이다 보니 그는 가끔 이런 촌극을 연출한다. 그리고는 곧 후회한다.

대개 이렇게 서슴없이 언쟁을 일삼는 사람들은 그 일이 지난 다음에는 거의 후회를 하게 된다. 자신도 모르게 뱉은 말들이 사리에 어긋났다거나 교양인으로서의 도리를 외면했던 것을 뒤늦게 깨닫게 되었기 때문이다.

일찍이 톨스토이는 셱스피어의 그 풍요로운 어휘의 성찬盛饌에 대하여 "구역질이 날 정도로 현란하다."라고 꼬집은 적이 있는데, 이는 수식修飾이 지나치면 감동이 반감된다는 역설적逆說的 메시지를 담고 있다고 보아야 할 것이다.

또 어떤 평론가評論家는 "우리가 즐겨 쓰는 화려한 말이나 현학적인 어휘가 시詩 속에 들어가면 한낱 찌꺼기가 되고 말 뿐이다."라고 한 적이 있다. 이것은, 시란 그 어떤 지식이나 철학이나 교양마저도 걸러내어, 마지막 증류수 같은 한 방울의 언어만을 건져 올리기 때문이다. 이렇듯 절제된 언어, 그래서 시는 언어의 경제학이라고 했는지도 모르겠다.

말이나 글이나 시나, 그 본질은 마찬가지이다. 오늘날 교언영색巧言令色을 즐기는 사람들이 빈축의 대상이 되거나, 생각 없이 말을 함부로 하는 사람이 존경과 신뢰를 못 받는 이유는 다 같이 "입 때문에 망신하는 사람"의 경우에 속한다 할 것이다.

"돈을 아끼면 부자가 되고 말을 아끼면 성자聖者가 된다는 말도 있는 것처럼 말이란 아낄수록 좋은 것이다. 그런데, 평소 그 누구보다도 언동의 신중함을 강조해 온 공자도 한마디의 실언失言 때문에 곤욕을 치른 일이 있음은 퍽 흥미로운 일이다.

공자가 주유천하周遊天下하던 시절, 제자들과 더불어 어느 시골길을 걷고 있었다. 마침 밭에서 김을 매고 있는 여인이 하도 추녀로 보여, 무심결에 "그 여자 참 못 생겼구나" 하고 제자들에게 농담을 건넸는데, 아뿔싸 그 말을 그 여인이 듣게 될 줄 어찌 짐작이나 했겠는가.

이때 공자가 자기의 흉을 보고 있다는 것을 직감한 그 여인은 조용히 공자 앞으로 다가왔다. 이윽고 주머니에서 구슬 한 개를 꺼내들고 하는 말이 "이것은 저의 목걸이인데 끈이 빠져 목에 걸 수 없군요. 고명하신 선생님께서 이 끈에 꿰어주시면 더 없는 영광이겠습니다." 라고 하는 것이었다.

공자가 구슬을 받아 살펴보니, 그 것은 안으로 아홉 굽이나 구멍이 난 구곡주九曲珠였다. 이처럼 속으로 구불구불 이어진 구멍으로 어찌 실을 꿸 수 있단 말인가. 아무리 궁리를 해 보아도 묘책이 떠오르지 않자, 공자는 서슴없이 그 여인에게 머리 숙여 청을 했다.

그랬더니 그 여인은 입가에 엷은 미소를 머금은 채 땅에다가 "밀의사蜜蟻絲"라는 세 글자를 써놓고 유유히 밭으로 걸어가더라는 것이다.

그 자리에 앉아 그 여인이 써놓은 글자를 골똘히 들여다보고 있던 공자는 무릎을 치면서 감탄을 했다. 즉 꿀밀 자, 개미의 자, 실사 자를 연결하여 풀어보니, 구슬을 꿀 속에 담갔다가 꺼내놓고 개미허리에 실을 매어 놓으면 꿀을 좋아하는 개미가 그 꿀을 파먹으면서 구슬을 뚫고 나간다는 뜻이었다.

공자는 여기서 크게 깨달은 나머지 제자들에게 "사람을 함부로 업신여기면 이처럼 봉변을 당한다는 것을 잊지 말라" 고 타일렀다. 성인도 인간인 이상 어찌 실수가 없겠는가. 그러나 성인이 범인과 다른 점은 금시 자신의 잘못을 뉘우치고 그것을 새로운 교훈으로 삼는다는데 있었던 것이다.

요즈음 수많은 지도자들이 벌이는 말의 성찬盛饌을 보고 있다. 다시 말해 온갖 실언失言 식언食言들이 난무하는 세태풍조를 보고 있노라니, 한마디 말이라도 세 번쯤 생각해서 하라는 삼사일언의 교훈이 새삼스럽게 되살아난다.

겨울 산하山河

여행이란 계절에 따라 그 맛이 다르겠지만 나는 유난히 겨울 여행을 좋아한다. 열차나 고속버스 차장 밖으로 내다보이는 겨울 산야山野는 다른 계절에 비해 약간 삭막하기는 하지만 그것은 마치 채색되지 않은 수묵화를 보는 것 같아 그 농담濃淡의 멋을 음미할 수 있어서 좋다. 옷차림에 비유한다면 화려한 원색무늬가 아닌 소박한 단색 차림으로 은은한 정감을 자아내주기 때문이다.

언젠가 TV에 나온 한 여학생이 겨울을 가리켜 '성난 시어머니'에 비유한 말을 들은 적이 있는데, 이는 아무래도 겨울이라는 계절을 매서운 칼바람의 측면에서만 본 것 같다. 이에 반해 나는 겨울의 진미를 매운바람 뒤에 감추어진 온화한 멋을 느끼는 데서 찾는다.

어릴 적 초당 방 아랫목에서 화로를 끼고 앉아 군밤을 까먹던 정취는 바깥바람이 눈보라를 몰고 오는 깊은 겨울밤이라야 제 맛이 났다. 그리고 마을 어귀 연못이나 무논에서 앉은뱅이 썰매를 타느라 손발이 꽁꽁 어는 줄도 모르고 날뛰던 동심童心은 그 얼마나 겨울이라는 계절을 기다리게 했던가.

새하얗게 눈 덮인 논두렁길이나 꼬불꼬불 둔덕진 산 비탈길에 무수히 발자국을 남기면서 꿩이랑 산토끼 사냥에 여념이 없던 겨울 방학의 나날들. 때로는 은은히 울려 퍼지는 먼 산사山寺의 종소리를 들으면서 새털 같은 눈꽃을 머리 위에 피워 보는 겨울날의 낭만… 마음은 금세 넉넉하고 푸근해져 어느새 천국에라도 오를 것만 같은 기분에 휩싸이기도 했다.

그 옛날 방랑시인 김삿갓이 눈길을 걸으면 발뒤꿈치에서 청개구리 울음소리가 들린다고 했듯이, 눈 온 이튿날 쨍쨍한 햇볕 아래 꽁꽁 언 눈길을 밟아보면 거기에는 마치 아이들이 즐겨 부는 꽈리 소리 같은 경쾌한 음률을 들을 수도 있다.

겨울 산야山野의 원근경遠近景을 제대로 감상하려면 여행을 떠나야 한다. 차창에 기대어 눈 속에 파묻힌 산과 들을 물끄러미 바라보고 있노라면 마치 시원한 청량제라도 들이키는 기분이 된다. 또한 폐부 속 깊숙이 침잠했던 탁한 노폐물이 한꺼번에 쏟아져 나오는 것 같기도 하여, 마치 젊음이 되살아나는 듯한 들뜬 기분도 맛보게 된다.

아주 오래전에 '의사 지바고'라는 영화를 본 적이 있는데,

거기에서 가장 인상적인 것은 우랄산맥 아래로 펼쳐진 설원雪原 저 멀리 낡은 증기기관차가 달려가는 장면이었다. 그 때는 마침 삼복더위의 여름이었는데도 그 영화를 감상하는 순간만은 바로 겨울이라는 계절 속으로 동화되어버린 느낌이었다.

그 후부터 나는 곧잘 겨울여행을 즐기는 취미를 갖게 되었다. 차창 밖으로 전개되는 눈 덮인 산야를 바라볼 때마다 그 때의 영화 장면이 상기되어 절로 흥을 돋우어 주기 때문이다.

우리나라의 겨울풍경 중에서도 퍽 인상적인 기억으로 남아 있는 장면이 있다. 지난 해 겨울 고속버스로 추풍령을 넘을 때의 일이었다. 이 추풍령은 해발고도만으로 따진다면 2백 미터를 약간 넘는 나지막한 고개지만 이 곳의 거센 바람은 너무나도 유명하다. 소백산맥과 노령산맥의 분기점을 이루고 있는 이 험산준령險山峻嶺. 봉우리마다 흰 눈을 쓰고 있는 모습은 마치 눈보라 속에서 고절高節을 지키는 망부석望夫石 같기도 하고 그 기상氣像은 끝내 꺾이지 않는 옛 선비의 지조같이 느껴지기노 했다. 거기에다 겨울인데도 추풍령秋風嶺이라 부르고 있는 이 배율적背律的 의미는 새삼 미묘한 여운을 몰고 왔다.

바람은 등성이를 넘어와
마른 꽃자리마다 청상靑霜을 울린다.
겨울 산하山河가 더 눈부신 줄을
가을은 미처 깨닫지 못했네.

변절이 아닌데도 개명改名할 줄 모르는
너의 지조를 누가 알랴.
길가에 아스라한 이정표 하나
겨울에도 추풍령이라 부르고 있다.

이 시詩는 우리 시단의 원로인 J시인의 '추풍령'이라는 시인데 나는 겨울 여행을 할 때면 곧잘 이 시구를 흥얼거린다. 비록 제목은 추풍령이지만 그 황량한 겨울 산하를 두고, 어떤 절개나 지조에다 비유한 것은 되씹을수록 깊은 맛을 느끼게 하기 때문이다.

이렇듯 산과 들의 설경雪景에 홀린 나는 제법 겨울 여행을 즐겨왔지만, 요즈음은 그것마저 뜻대로 이루지 못하고 있다. 웬만큼 나이가 들면 자기시간은 자기가 관리해야 한다는데, 나는 아직 그런 한유閑裕의 경지境地에 이르지 못하고 있음이 못내 아쉽다. 올 겨울에는 만사를 제쳐놓고 여행계획부터 서둘러야겠다.

고난 극복의 길은 굳은 신념에 있다

우리 속담에 "사람의 몸뚱이가 천 냥이라면 눈은 9백 냥"이라는 말이 있다. 이것은 우리 신체 중 가장 귀중한 부분이 눈이라는 것을 극명하게 강조한 말이다.

눈은 명암明暗과 미추美醜를 식별해 주며 원근遠近의 거리를 가늠해 준다. 그러기 때문에 우리 생활 속에서 눈의 역할이 가상 중요하다고 하는 말에는 아무도 이의를 제기할 사람은 없을 것이다.

그런데 다시 한 번 곰곰이 생각해 보면 우리는 밖으로 나타나는 것만을 가지고 그 가치를 판단할 수 없다는 것을 깨닫게 될 것이다. 시력을 잃으면 모든 것을 잃는 것처럼 여기는 사람도 있지만 사실 성한 눈을 가진 사람보다 몇 배나 더 삶의 의욕을 불태우며 훌륭한 일을 하는 시각장애자視覺障碍者도 있기 때문이다. 저 유명한 헬런 컬러여사를 보라. 시각 청각 언어 장애까지 겹친 삼중고三重苦의 불운아였지만 절망의 늪을 헤치고 일어선 그는 오히려 성한 사람보다 더 인류를 위해 봉사하지 않았던가.

몇 해 전의 일이다. 나는 프랑스 파리로 가는 비행기 안에서 뜻밖의 진귀한 승객을 만난 일이 있다. 그들이 진귀하다는 것은 '장님과 귀머거리'로 구성된 2인조 관광단이었기 때문이다. 얼핏 생각하면 시각장애자가 관광을 한다는 것은 도저히 납득되지 않는다. 청각장애자는 그런대로 성한 눈을 가졌기 때문에 바깥 풍경을 감상할 수 있다 하더라도 시각장애자의 경우는 영 무의미할 것 같았기 때문이다.

그러나 비행기가 이륙하자마자 나의 상상은 완전히 빗나가고 말았다. 도쿄에서 파리까지는 무려 18시간이나 걸렸는데, 그 긴긴 여행길에서 그들은 조금도 지칠 줄 모르고 무엇인가 골똘히 탐구하는 자세를 보였기 때문이다. 그들은 식사가 끝난 후 주방에 들러 음식물 저장고를 살피기도 하고, 음식 찌꺼기와 쓰레기 처리문제에 대해서도 수없이 질문하면서 하나하나 궁금증을 풀어나가는 것이었다. 시각장애자는 촉각과 감각으로 느끼는 소감을 열심히 수화手話로 전하고, 청각장애자는 또 자기가 보고 느낀 점과 친구의 수화를 합쳐 열심히 노트에 기록하는 것이었다.

나중에 들은 이야기는 더욱 감동적이었다. 그들은 둘 다 일본인이었으며 영어실력도 수준급이었다. 이미 미국여행을 마치고 유럽여행길에 오른 그들은 이번 여행을 마치면 '맹인의 세계일주 기행문'을 책으로 출판할 계획이라는 것이었다. 참으로 놀라운 일이었다. 눈과 귀가 성한 우리의 여행이 수박 겉핥기식이라면 저들의 기행은 우리가 그냥 스치고 지나쳐버린 곳까지 세밀히 살피고 파악하는 진짜 관광이라는 생각이 들었다. 그러고 보니, 성한 눈을 가진 자신이 오히려 부끄럽게 여겨지기까지 했다.

만약 저들이 비행기 안에서 한 것처럼 세계 곳곳을 누비며 살피고 느낀 것을 예리한 필치로 기록해 놓는다면 과연 어떤 내용이 될까. 나의 호기심은 계속 꼬리를 물고 이어졌다. 그야말로 모든 문화유적지의 심층 깊숙이 스며있는 옛 선인들의 숨결까지 파헤쳐내지 않을까 하는 생각이 들어서였다. 아마도 그들의 깊은 통찰력은 우리들과 같은 보통사람의 상상력을 뛰어넘어 아득한 과거와 먼 미래까지도 한꺼번에 꿰뚫어볼 것만 같았다.

육안으로 볼 수 없는 것을 꿰뚫어보는 통찰력. 이것은 바로 마음의 눈이 있기 때문이다. 마음의 눈은 생각함으로써 맑아진다. 항상 선하고 아름다운 생각만 하고 있으면 그 마음의 눈에는 바로 선하고 아름다운 것만 비춰질 것이요, 또한 아무리 불행의 요인을 안고 사는 사람이라도 늘 감사하는 마음으로 수용하고 살아 나가면 그것은 곧 행복의 요인으로 바뀔 수도 있기 때문이다.

일찍이 세익스피어는 "세상에는 행복과 불행이 따로 있는 것이 아니다. 다만 사람들 마음속에 '나는 행복하다. 나는 불행하다'는 생각을 고정시켜놓고 있기 때문이다." 라고 설파한 바 있다. 이것은 매우 의미심장意味深長한 말이다. 만일 저 헬런 컬러가 우리의 일반적인 통념대로 스스로를 불행한 존재로 치부하고 좌절했더라면 어떻게 저런 위대한 헌신과 봉사를 할 수 있었으며, 또한 저 시각장애와 청각장애자인 2인조 관광단이 세계일주 여행을 꿈이나 꿀 수 있었겠는가.

따라서 우리는 고난 그 자체가 불행한 것이 아니라, 그 고난을 극복할 의지와 용기를 잃어버리는 것이 더 불행하다는 것을 알 수 있다. 또한 그 어떤 고난과 역경에 처하더라도 끝내 좌절하지 않는 슬기를 배워야 할 것이다. 슬기는 고난을 통해 터득되며 사유를 통해 성장하는 영적인 지혜다.

내 친구의 아들 C군은 대학 재학 중 군에 입대했는데 거기서 백내장치료를 받다가 실명이 되고 말았다. 유명하다는 병원을 다 찾아다니며 각방으로 노력해 보았지만 모두가 무위로 끝나게 되자 치료를 단념하고 미국으로 유학을 갔다. 원래 신심이 두터운 크리스천 집안에서 자란 그는 그곳에서 박사과정까지 이수하고 돌아와 지금은 국내 J 대학에서 교수 생활을 하고 있다. 비록 육신의 시력은 잃었지만 그에게는 영의 눈이 밝혀져 지금은 소망과 기쁨이 충만한 가운데 행복한 삶을 살아가고 있다. 특히 심성 고운 아내를 맞아 예쁜 아들까지 보게 되었으니 그 다복함을 무엇으로 다 표현하겠는가. 좌절을 딛고 일어선 슬기로운 삶의 본보기라 하지 않을 수 없다.

사람이 살아가는 인생역정에는 그 어떤 불행한 일이 닥칠지 모른다. 그 때마다 생각의 차원을 높여 발상을 전환하게 되면, 끝내 그 불행과 역경은 극복할 수 있다. 만일 한창 젊은 시절의 저 C군이 좌절의 늪에 빠져 생을 포기했더라면 오늘날의 교수직은 물론 그 오묘한 축복을 어디에서 찾을 수 있겠는가.

세상에는 고난 없는 인생이란 존재하지 않는다. 역사상 위대한 업적을 남긴 인물일수록 이루 헤아릴 수 없는 모진 고난을, 신념과 용기로 극복해 나온 인간승리의 증인인 것이다. 물론 예견되는 고난이나 장애는 슬기롭게 예방하는 것이 중요하다. 하지만 일단 그 고난과 장애가 현실로 다가온 이상, 우리는 이를 극복하기 위한 확고한 신념을 가져야 한다. 불퇴전의 신념으로 맞서 이겨 나가야 하는 것이다.

나의 문학인생

나는 강원도 평창군 봉평에서 태어났다. 대관령과 태기산의 중간쯤 해발 7백 미터가 넘는 높은 분지로 형성된 이곳은 산자수명山紫水明한 심산유곡深山幽谷으로 일찍이 하늘아래 첫 동네라는 별명까지 갖고 있는 산골마을이다.

또한 이 봉평은 우리 문단의 큰 별인 이효석李孝石의 고향으로서 저 유명한 〈메밀꽃 필 무렵〉의 작품무대이기도 하다. 옛날 장돌뱅이었던 허생원과 조선달이 몰고 다니던 노새가 소형 트럭으로 바뀌었고 제주도 명산名産 참빗장수가 플라스틱 그릇장수로 변신했을 뿐 장날의 풍경은 지금도 그때와 변함이 없다.

백옥포白玉浦의 산허리를 감돌며 멀리 장평까지 뻗어있는 메밀밭의 달밤은 그야말로 소금을 뿌려 놓은 듯 옛날의 정취를 그대로 자아낸다.

봄이면 파릇파릇한 신록이 산야山野를 누비고, 여름은 짙은 녹음의 계곡 아래로 부서져 내리는 옥수玉水의 구비, 가을이면 현란하게 수놓아가는 만산홍엽滿山紅葉, 겨울이면 은세계인 듯 펼쳐지는 순백의 정경. 이렇듯 계절마다 화려한 대자연의 옷을 갈아입는 내 고향의 풍경은 지금도 파노라마처럼 내 뇌리에 펼쳐진다.

이러한 대자연의 정기를 타고났으니 어찌 이효석 같은 대문호가 태어나지 않았겠는가 하는 생각도 든다.

그 누구나 문학소년의 꿈을 한번쯤 꾸어보지 않은 사람이 있을까마는 나 또한 어릴 때부터 이렇듯 일월日月이 정精한 대풍류大風流 속에서 성장한 탓에 일찍부터 문학에의 꿈이 싹트기 시작되었던 것 같다.

나는 초등학교에 입학하기 전 약 2년 동안 동네 서당에서 한문漢文을 배웠다. 3개월만에 〈천자문〉을 뗀 나는 곧이어 〈동몽선습童蒙先習〉과 〈명심보감明心寶鑑〉 그리고 〈무제시無題詩〉를 배우게 되었는데 이때 훈장께서는 틈틈이 한시 짓는 법도 가르쳐 주셨다.

그 해 가을걷이도 끝난 어느 볕 좋은 날, 우리 글방에서는 이웃마을 훈장님을 비롯하여 동네 유지어른과 모든 학부형을 모신 가운데 한시백일장이 열렸다.

스무 명 안팎의 학동들과 글짓기 경연競演에 나선 나는 운자韻字로 내걸린 '중中'자를 넣어 '도중인거래 심중의거래道中人去來 心中意去來'라는 즉흥시를 지어서 바쳤는데 뜻밖에도 이것이 장원의 영광을 차지하게 되었다. 극히 초보적인 오언쌍구五言雙句의 단시短詩였지만 일곱 살짜리 어린 아이가 쓴 것이라 그렇게 후한 평가를 내렸던 모양이다.

그 다음 초등학교에 입학해서는 주로 일본어로 글짓기를 배웠다. 특히 4학년 때는 태평양전쟁 발발 2년째를 맞아 전국적으로 납세에 관한 소년 글짓기 공모가 있었는데 거기서 뽑혀 도지사상을 받았던 일은 지금껏 내 기억 속에 생생하게 남아있다.

그 후 중학시절에도 줄곧 문예반에서 활동하며 교지校誌에 발표했지만 별로 활발하지는 못했다. 해방직후의 어수선한 환경 속이라 문예창작을 지도해 주는 선생도 마땅치 않았기 때문이다. 그래서 이효석의 〈메밀꽃 필 무렵〉, 〈낙엽을 태우며〉, 〈청포도의 사랑〉등 소설과 수필을 구해 읽으면서 나도 저런 글을 한번 써 보았으면 하는 막연한 공상만 하고 있었다. 이러한 공상은 바로 일기장 속에서 시와 산문 형태로 꿈을 부풀리고 있었던 것이다. 글이야 되건 말건 닥치는 대로 읽고 쓰고 해보았지만 아무리 발버둥 쳐도 글다운 글이 되지 못할 때는 죽고 싶도록 안타까웠다. 그러나 이러한 각고 속에서 자신도 모르게 글을 쓸 수 있는 저력이 조금씩 쌓여가지 않았던가 싶다.

그 후 초등학교 교사자격 검정고시를 통해 교사가 된 나는 약 1년 동안 평창군에 있는 미탄 초등학교에서 교사생활을 했다. 그러다가 1950년 6·25 전쟁이 발발하고 휴교령이 내리는 바람에 7월 1일 피난길에 나섰다. 공산군이 벌써 서울에 입성했다는 소식을 들은 우리는 일단 부산 쪽으로 방향을 잡고 남쪽으로, 남쪽으로 발걸음을 재촉했다. 그러다가 7월 20일 대구에서 군에 입대하여 곧 바로 전쟁터로 출전하게 되었던 것이다.

7월 하면 누구나 육사陸史의 명시〈청포도〉를 연상케 하는 계절이지만 기실 내가 체험한 7월은 참으로 잔인한 달이었다. 낭만과 정서가 감도는 그런 7월이 아니라 내 일찍이 체험해 보지 못한 피비린내 나는 살육전으로 가득 찬 계절이었기 때문이다.

1950년 7월에 군문에 투신한 나는 1953년 7월에는 휴전을 앞두고 피아간 유리한 전략적 위치를 차지하기 위한 마지막 대 혈진에 참전하고 있었다.

화천 북방에서 적의 야간공격으로 일시 후퇴하고 있던 우리는 문자 그대로 파김치가 된 몸을 끌고 또다시 어느 무명고지에 임시 방어진지를 구축하여 적과 대치하게 되었는데 그 거리는 불과 2백미터도 안되는 거리였다. 어쩌다가 머리만 한번 잘못 쳐들어도 적탄이 날아오는 지척의 거리였다. 몸 하나 겨우 들어갈 만한 참호와 교통호 속에서 웅크린 채 적이 노출되기만을 기다려야 했다. 이윽고 밤이 되면 적은 또다시 꽹과리와 북을 치면서 총공격을 가해오는 것이었다. 간간이 들려오는 애조 띤 피리소리는 더욱 우리를 심약하게 했다.

이때는 피아의 화력도 총동원되어 검은 하늘은 삽시간에 조명탄과 예광탄으로 수놓아져 서로 교차되는 불꽃은 마치 흐르는 무지개 빛을 연상케 하는 것이었다. 어느 시인은 이러한 광경을 두고 '흐르는 꽃밭'에 비유한 적도 있지만 이것을 단순한 구경꾼의 입장에서만 본다면 참으로 화려한 일대장관이 아닐 수 없을 게다.

그래서 세계적인 위대한 명작들은 전쟁마당에서 탄생되는 것이구나 하는 생각마저 들었다. 나는 그때 글 쓰는 작업이야 중단상태였지만 장차 글로써 표현하지 않고는 배길 수 없는 거창한 불꽃놀이 같은 전쟁 놀음을 체험하고 있었던 것이다.

그 후 휴전이 되고 군대생활을 계속하게 된 나는 본격적으로 글을 쓰게 되는 계기를 맞게 되었는데 그것은 바로 정훈政訓장교로 전과轉科되면서부터였다. 그 당시 진중陣中 문예작품 응모에 입선된 것을 계기로 나는 자신도 모르는 사이에 정훈장교로 발탁되었던 것이다.

군에 있어서의 정훈장교는 '장병의 정신무장 강화와 지적知的 수준 향상' 그리고 대민 홍보활동'의 중책을 수행하는 참모활동의 기능을 갖게 되어 있다.

특히 대부분의 기간을 공보장교로 활동한 나는 신문, 방송 등에 발표하는 보도기사와 내레이션 작성은 물론 소속지휘관의 훈시문과 식사式辭 등 각종 연설문을 쉴 새 없이 쓰고 또 써야만 했다. 때로는 결혼식 축사와 장례식 조사를 동시에 써야 할 경우도 있었으니 거기서는 그야말로 상想을 가다듬는 글다운 글이 나올 리가 없었던 것이다.

또한 월남전에 참전하여 2년여 동안이나 주월駐越 한국군의 대변인으로 재임했던 나는 또다시 극한상황 속에서 생생한 현장보도에 열중해야 했다. 무엇보다도 이역만리에서 용전분투하는 장병들의 사기를 진작시키는 일과 생생한 현장보도를 통하여 그들의 진면목을 전 국민에게 알리는 일이 주 임무였던 것이다.

이 때는 내가 쓰는 글이란 그야말로 책상에 앉아서 손으로 쓰는 글이 아니라 불꽃 튀는 생사의 갈림길 속으로 뛰어들면서 발로 쓰는 글이었다고 해야 할 것이다. 하여간 나는 문장독본에도 없는 다양한 글을 닥치는 대로 쓰면서 뛰었다. 타의든 자의든 이렇듯 가혹했던 나의 습작기야말로 나로 하여금 수필을 쓰게 한 밑거름이 되지 않았나 하는 생각이 든다.

그 후 1971년 월남에서 돌아온 나는 고 이동주 시인을 통해서 알게 된 고 조연현 선생의 추천으로 월간문학을 통해 등단했다. 추천작품은 '남국의 향수' 라는 수필이다.

처음에는 '붓 가는 대로 쓰는 것이 수필이다'라는 안이한 생각으로 마구 오기도 부려보았지만 정작 글을 쓰면 쓸수록 글쓰기가 어렵다는 것을 깨닫게 되었으니 이는 비단 나만의 느낌은 아닐 줄 안다.

원래 무형식 속의 형식을 이루는 일은 타율의 규제보다도 더 어려운 법이다. 그것은 마치 인생을 달관한 사람은 아무리 자유로운 행동을 해도 조금도 사회규범에 저촉되지 않지만 아직 서툰 인생을 살아가는 자는 매사를 사회규범과 도덕률에 비추어가며 조심스럽게 행동하지 않으면 안 되는 이치와도 같은 것이다. 따라서 무형식 속의 형식이란 감히 자율의 경지에 도달한 자만이 논할 수 있는 말이다. 그래서 글이 자율의 경지에 도달하려면 그 얼마나 각고면려해야 하는지는 새삼스럽게 논할 필요가 없겠다.

나는 앞에서도 언급한 바와 같이 책상 위에서만 글을 쓰는 것이 아니었다. 매일 매일의 생활을 통하여 새로운 소재가 떠오르면 이를 머리 속에서 다듬고 구상하며 또 메모를 하면서 오랫동안 뜸을 들인다. 아무리 좋은 재료로 빚은 술이라도 이를 잘 숙성시키지 않으면 좋은 맛을 낼 수 없는 것과 같이 글도 설익은 것을 내놓았을 때는 영 떨떠름하여 끝내 마음이 개운치 않기 때문이다. 때로는 잠자리에 들었다가도 새로운 상(想)이 떠오르거나 끊겼던 문장이 다시 이어질 때면 그 밤을 그대로 꼬박 새우게 된다. 그러나 피곤보다는 새로운 희열이 용솟음

치게 되니 이때야말로 글 쓰는 보람을 만끽하게 되는 순간이기도 하다.

이제 고희를 지나 망팔望八의 시점에서 내 지나온 날을 되돌아보니 참으로 감회가 무량하다. 불운한 시대에 태어나 온갖 고난과 역경의 소용돌이를 겪어오면서도 이렇게나마 글을 쓰게 된 것을 나는 다시없는 복으로 알고 있다.

물론 수필이 내 인생의 전부라고는 말할 수는 없지만 무엇인가 불꽃같은 내면세계를 표현하지 않고는 견디지 못할 강렬한 욕망과 열정이 남아있기에 오늘도 나는 글을 쓰고 있는 것이다. 때로는 야수의 포효咆哮같은 울음으로, 때로는 가냘픈 풀벌레 같은 흐느낌으로, 때로는 이슬 머금은 꽃잎 같은 웃음으로 인생을 보고 느끼는 대로 글을 쓰고 있다.

가끔 소재의 빈곤을 느낄 때는 서슴없이 여행을 떠난다. 국내외의 나들이를 통하여 색다른 인정풍물을 접하게 되면 거기서 참신한 소재도 발굴되고 또 새로운 창작의욕도 충전된다. 그러나 그것도 여의치 못할 때는 며칠이고 방안에 들어박혀 고전이나 양서를 통독한다. 고전은 아무리 읽어도 싫증이 나지 않으며 읽으면 읽을수록 새로운 감흥이 솟아난다. 오늘의 세태를 고전에 비추어 보고 고전을 통하여 미래를 통찰해 보는 영감훈련靈感訓練은 나의 작품 활동에 큰 영향을 주고 있다.

그래서 나는 일상의 새로운 생활체험을 보다 심화深化시키고 차원 높은 경지로 이끌어가기 위하여 곧잘 우리 사상의 뿌리라고 할 수 있는 고전과 연관지어 보기도 한다. 사실상 우리가 그 아무리 기상천외奇想天外한 지식이나 지혜를 터득했다 하더라도 그것은 이미 천년, 이천 년 전의 고전 속에 다 수록되고, 함축되어 있음을 발견할 때는 새삼 경탄의 도가니 속에 잠기게 된다. 참으로 예술의 영원성이란 바로 이런 것을 두고 하는 말이구나 하는 것을 실감하게 된다.

나는 이러한 과정을 통하여 내 나름의 문학생활을 해오고 있다. 나의 창작활동이 언제까지 지속될지는 모르지만 내 인생의 진솔한 삶과 내면세계가 글 속에서 재현될 수 있다면 그 이상의 바람은 없을 것이다.

수필은 진실과 신의와 인격의 목소리가 미적감동美的感動으로 승화되는 문학이기 때문에 나는 그 어떤 장르의 글보다 수필을 사랑한다.

두 사생관死生觀

퍽 오래 전의 일이다. 전 생애를 이 나라 교육계에 헌신한 모 대학총장 K박사가 노환으로 별세했다. 독실한 기독교 신자인 그는 평소와 다름없이 그 날도 가까운 친지 제자들이 모인 자리에서, 자신의 죽음을 슬퍼하지 말고 축복하는 찬송가를 불러달라고 했다. 그리고 몇 점 안되는 유품들을 애제자愛弟子들에게 나누어 주면서 '이제 나는 영광된 하나님 품에 안기게 되었으니 이보다 더 기쁜 일이 어디에 있겠는가.' 라고 하면서 조용히 눈을 감았다고 한다.

평소 그분의 인품에 대해 존경의 염念을 금치 못하고 있던 나로서는 과연 그분다운 임종의 자세였구나 싶어 애통하기 보다는 오히려 그 성스러운 죽음이 부럽기까지 하였다. 그리고 진정으로 영광된 죽음이란 신이 내린 축복이라는 생각을 두고 두고 곱씹어보게 되었다.

그런 일이 있은 후 얼마 되지 않아 국내에서 이름 있는 모 재벌총수 S회장도 숙환으로 별세하게 되었다. 그분 측근들의 말에 의하면 그는 임종직전에 온갖 몸부림을 치면서 내가 지니고 있는 전 재산의 반을 떼어줄 터이니 나를 살려줄 사람을 데리고 오라고 애걸복걸 하면서 죽어갔다고 한다.

S회장은 평소 호사스러운 생활을 즐기면서 먼 남해안에다 수중별장까지 지어놓고 온갖 향락을 누렸다고 한다. 그러다보니 다시없을 이 지상낙원을 버리기가 아까워 조금이라도 더 이 생활을 연장해 보고 싶었던 것이다.

성직자도 재벌도 아닌 나로서는 일찍이 거대한 꿈이나 특별한 사생관을 지녀 본 일은 없다. 하지만 이 대조적인 두 죽음을 보고서는 찬미와 허무감이 엇갈리는 가운데 무엇인가 택일擇一을 강요받는 듯한 야릇한 상념에 빠지게 되었다.

어떤 의미에 있어서 죽음은 자기 인생의 총 결산이다. 아울러 자기 인생관의 마지막 결론이기도 하다. 아무리 한 인생의 서장序章이 화려하고 본장本章이 충실했다 하더라도 마지막 종장終章을 아름답게 장식하지 못한다면 모처럼 쌓아올린 빛나는 성공탑成功塔은 그대로 무너지고 마는 것이다. 우리는 과거 위대하다고 여겼던 정치가, 애국자, 학자, 예술가들이 삶의 마지막 마무리를 잘못하여 그 영광된 생애에 오점을 찍고 간 예를 너무나도 많이 보아왔다.

그래서 그 인생의 공과여부功過與否는 관 뚜껑을 덮은 후에야 평가된다고 하지 않았던가. 생자生者는 필멸必滅하는 법, 타고날 때부터 생로병사는 거역할 수 없는 숙명이거늘, 이를 무슨 재주로 회피할 수 있단 말인가.

그 옛날 천하를 다 얻었다고 자만하던 진시황도 자신의 영화를 더 연장해 보겠다고 많은 선남선녀를 뽑아 불사약을 구하러 보냈지만 끝내 무위無爲로 돌아가지 않았던가. 이렇듯 숭엄한 섭리 앞에 좀 더 버티어 보겠다고 몸부림친다는 것은 참으로 가소로운 일이다. 차라리 그 죽음을 초연하게 받아들이는 편이 얼마나 떳떳하고 대범해 보이는가.

일찍이 공자는 나이 50이 되거든 천명을 알라고 설파했다. 젊어서는 뜻을 세워 학문에 정진하고 불혹不惑의 40대와 지명知命의 50대를 거쳐 마음 내키는 대로 행동해도 후회를 남기지 않는 종심從心의 삶을 살라고 가르친 것을 보면, 역시 성현의 통찰력에는 감동하지 않을 수 없다.

전자의 K박사는 이미 천명을 알고 자연의 섭리에 순응함으로서 인생의 분수를 지킨 현자賢者의 모습이었다면, 후자의 S회장은 한마디로 말해서 부세영화浮世榮華의 미련을 버리지 못해 발버둥치다가 숨을 거둔 한낱 필부匹夫의 죽음이라 해야 할 것이다.

어디 영생永生이 따로 있겠는가. 값진 죽음을 택한 자의 위대한 생애가 길이 우리의 정신 속에서 되살아난다면 그는 굳이 내세來世뿐이 아니라 이미 현세에서도 영생의 복락을 누리고 있다고 해야 하지 않을까.

이와는 반대로 사리사욕만을 탐하다가 욕된 죽음을 맞은 사람은 그 생애 또한 오욕의 굴레에서 벗어날 수 없음은 자명한 일이다. 우리의 역사 속에서 찬연한 빛을 발하고 있는 수많은 충신, 열사, 의사, 지사들은 무엇 때문에 스스로 모진 형극의 길을 택하여 일신의 영화 따위는 초개와 같이 버렸겠는가. 그 분들인들 왜 호강의 유혹이 없었겠으며, 부와 향락을 누릴 능력이 없어서 그 길을 택한 것은 아니지 않는가. 정작 그분들은 와신종사臥身終死하는 것마저도 오히려 욕된 죽음이라 여기고 주어진 천명마저 앞당겨 스스로 죽음을 택했던 것이다.

장자의 생즉사사즉생生則死死則生이란 말이 생각난다. 우리가 혼자 천만년 사는 것과 내 삶을 후신後身의 대代에까지 물려서 천만년 사는 것과를 비교하면 어느 것이 더 값진 삶인가는 자명해지리라 믿는다.

죽음은 바로 삶의 연장선상에서 맞이하게 되는 필연 법칙이다. 그래서 나의 죽음은 나 개인의 것으로만 치부할 수 없는 것이다. 내 영욕榮辱으로 얼룩진 생애의 마지막이 그대로 자손만대에까지 이어진다고 생각한다면 어찌 뜬 구름과 같은 영화 따위에 미련을 걸고 어리석음을 범할 수 있겠는가.

이利로운 것을 보면 먼저 의義로운 것을 생각하고 위태로운 것을 보면 목숨을 주라고 한 안중근 의사의 사생관이 오늘따라 더욱 절실하게 다가오는 것은 비단 필자만의 소회는 아니리라.

유월의 심화心火

장미의 계절 유월이 열렸다.

짙푸른 잎사귀마다 젊은 피가 방울져 흐르던 그 유월이 다시금 돌아왔다. 북한 공산군의 기습남침으로 빚어진 6. 25전쟁. 그로부터 58년의 세월이 흘렀건만 동강난 국토는 그대로이고 겨레의 가슴속에 깊이 패인 전흔戰痕 역시 아직 아물지 않고 있다. 이 절치부심의 울분을 우리는 언제까지 품고 살아야 하는가.

세계 전사상戰史上 그 유례를 찾을 수 없을 정도로 처절했던 한국전쟁은 문자 그대로 시산혈해屍山血海라는 형용구를 사실로 확인시켜 준 비극 중의 비극이었다. 3년여에 걸쳐 무려 3백만의 인명을 앗아간 전쟁은 휴전이라는 이름으로 미봉彌縫되었지만 그 후의 50여 년 동안도 전쟁상태는 계속되어왔다. 걸핏하면 무력도발과 테러공격을 일삼아 온 저들로 인해, 우리가 입은 피해는 가히 6 · 25 전쟁에 맞먹는 손실이라 해도 과언이 아닐 것이다. 오죽했으면, 저들을 가리켜 〈악의 축〉라고 했겠는가.

사람은 누구나 잘못을 저지를 수 있다. 개인이든 국가든, 고의든 과실이든 간에 시시때때로 과오를 범하는 것이 인간의 속성이다. 하지만 그럴 때마다 잘못을 뉘우치고 반성하면 개과천선改過遷善으로 거듭날 수 있지만 끝내 자신의 과오를 반성할 줄 모르는 자는 결국 제거除去의 대상이 될 수밖에 없다. 지금 북한 정권의 실상이 바로 그런 형국이다.

그동안 저들이 휴전협정을 위반한 건수는 하도 많으니 논외로 치더라도, 〈핵 확산 금지를 위한 국제 협약〉마저 자의적으로 짓밟아버린 저들의 만행은 국제사회의 응징을 면할 수 없게 되었다. 거기에다 테러, 마약, 위조지폐 등 온갖 망나니짓은 골라서 하고 있으니 저들을 어찌 평화와 번영을 지향하는 국제사회의 동반자로 대접할 수 있겠는가.

우리는 그동안 무던히도 참아왔다. 숱한 테러와 도발을 받으면서도 동족이라는 이름 때문에 감싸주었고, 해마다 수십만의 양민이 굶어죽는 참상을 외면할 수 없어서 쌀과 비료와 경제원조를 아끼지 않았다. 그럼에도 불구하고 저들은 말끝마다 비방과 공갈을 서슴지 않고 있다. 심지어는 우리에게 식량 원조를 구걸하는 남북회담장에서마저 소름끼치는 공갈을 일삼고 있으니 저들은 영영 구제불능 상태에 와 있다고 해야 하겠다.

역사는 언제나 정의의 편에 서서 앞만 바라보고 전진한다. 아무리 불의의 무리가 성盛하는 것 같아도 그것은 일시적인 현상일 뿐이다. 정의가 실종하면 인류도 멸망하고 만다는 것은 고금의 철리哲理이기 때문이다.

지금 수십만의 탈북자가 중국일원에서 유랑하고 있으며, 북한의 양민들 역시 김정일의 학정에 시달리다 못해 그 울분이 폭발의 기회만을 노리고 있다. 김정일 정권의 말기 현상이 도처에서 드러나고 있는 것이다. 그것은 비단 경제파탄 때문만은 아니다. 지난 반세기 동안 줄기차게 떠벌려 온 거짓말이 하나하나 들통나고 있다.

이처럼 안팎으로 궁지에 몰린 김정일은 온갖 흉계를 짜내어 새로운 국면전환을 획책하고 있다. 소위 통미봉남通美封南이라는 신조어新造語까지 만들어 우리 대한민국을 제외시킨 채 대미 구걸외교를 벌이고 있는 것이다. 하지만 국제관계란 오랜 역사 속에서 다져진 신뢰가 전제되어야하기 때문에 저들의 생각처럼 하루아침에 성과를 기대하기는 어려울 것이다. 그래서 저들은 전에 없는 악랄한 수법으로 다시금 대남 비방에 열을 올리고 있는 것이다.

이에 대해 거물 탈북자 황장엽씨는 다음과 같이 경고한 바 있다.

> 지금 북한의 김정일 정권은 우리 한국사회를 향해 보이지 않는 전쟁을 도발하고 있다. 비록 총 포탄이 튀지는 않지만 치열한 사상전을 벌이고 있는 것이다. 그런데 이곳 대한민국에서는 사상적으로 무장해제 당한 상태에서 김정일과 흥정을 하려고 하니 이 얼마나 안타까운 일인가? 새 정부에서는 민주주의 질서를 확보하기 위해 국가보안법을 한 층 강화할 필요가 있다.

이것은 경험을 통해 저들의 의도를 정확하게 꿰뚫어보고 있는 사람의 소신 있는 경고인 것이다. 다시 한번 깊이 새겨두어야 할 절실한 문제라 하지 않을 수 없다.

약 1년 전 우리정부에서는 남북철도 연결행사를 국내외에 크게 선전한 바 있다. 7년 전에 합의한 약속이행이라는 명분이었다. 무려 750억원이나 들여 남북철도 연결사업을 했다하면서 겨우 개성까지 갔다 오는 것으로 막을 내리고 말았다. 가증스러운 사기극詐欺劇이라고 할 수밖에 없는 해프닝이었다. 더구나 북한 언론매체들은 일체 무반응인데 반해 우리측에서는 당장 남북왕래라도 되는 것처럼 호들갑을 떨었으니 이 어찌 정치 쇼라는 인상을 지울 수 있겠는가.

어떤 개인이나 국가든 간에 상호거래관계에서는 조건이 전제되기 마련이다. 〈기브 앤드 테이크〉가 명확해야 한다는 것이다. 그들이 원하는 것은 다 주었는데 〈국군포로나 납북어부〉 한 사람 데려올 수 없는 거래라면 무엇 때문에 돈과 노력을 쏟아 부을 필요가 있겠는가. 식량과 비료를 절실히 필요로 하는 북한이라면 그들도 우리측이 필요로 하는 그 무엇을 주어야 하지 않겠는가.

아마 저들은 주지 않고 받는 것을 유일한 자존심 세우기로 알고 있는 모양인데, 그것은 천부당만부당한 착각이다. 진정한 문명인의 자존심은 정직과 신의를 지키는데 있다. 공산주의가 멸망한 원인도 따지고 보면 바로 이러한 〈문명인의 자존심〉을 저버렸기 때문임은 그간의 역사가 입증하고 있는 것이다.

일찍이 자유중국(오늘날의 대만)의 장개석 총통이 외쳤던 경고가 떠오른다. 〈공산주의자와 협상해서 성공한 사례는 없다. 저들의 협상전략은 오직 시간 벌기와 실리實利 챙기기의 사술詐術뿐이니 우리는 절대로 이에 속아 넘어가서는 안 될 것이다.〉 이 어찌 자유중국에 국한된 문제라고 하겠는가.

6월이면 꼭 도지게 되는 심화心火를 달래면서 저들 북한 공산당이 저지른 전쟁의 잔혹상을 다시 한번 곱씹어본다.

문학지향의 사회

얼마 전 행정자치부에서 주관하는 공무원 문예대전 시상식에 다녀왔다. 올해로 열 번째를 맞게 된 이 대전은 총 4658명이 응모하여 57명의 수상자를 낸 큰 행사였다. 산문부문 심사를 맡은 필자는 십여 명의 문단중진 심사위원들과 함께 근 한 달 동안이나 심사에 매달려야 했다. 십년 전 제 1회 때에는 겨우 2백여 명에 머물러있던 응모자가 그 동안 20여 배나 신장되었으니 가히 괄목할만한 성장세라 하겠다.

나는 이러한 발전과정을 지켜보면서 이제 우리나라 공무원의 정신자세도 점차 올바른 방향으로 정착되어가고 있음을 알 수 있었다. 입상자는 물론이지만 탈락한 선외자選外者들도 그들이 써낸 글의 면면으로 보아 인간의 존엄성을 지키면서 확고한 국가관과 국리민복을 위해 봉사하고자 하는 공복자로서의 근무자세가 한결 돋보였다.

엄선된 수상자의 작품들은 기성작가가 무색할 정도로 뛰어난 작품성을 보여주었으며 근 5천 명에 달하는 응모자들 역시 혼신의 열정으로 도전하는 진지한 문학 지망생임을 확인할 수 있어서 무척 흐뭇했다. 대개 전문적인 기능이나 기술위주로 선발되어 공직에 종사하고 있지만 인간의 원초적 자기표현의 수단인 문학에 심취할 수 있다는 것은 참으로 귀하고 아름다운 정신자세로 여겨졌다.

오늘날 우리 사회에 노정되고 있는 갖가지 비리사태를 접하면서 다시 한번 문학의 중요성을 생각해 본다. 문학을 일컬어 인간의 심성을 정화 고양시켜 아름다운 사회를 지향하게 하는 정신적인 에너지라고 한다면 오늘날 양심과 도덕, 신의와 질서의식이 송두리째 실종되어버린 이때야말로 문학의 효용성이 그 어느 때보다 강조되어야 할 것이다.

예로부터 수기치인修己治人의 정치사상을 믿어온 우리 선인들은 남을 다스리기에 앞서 수신제가修身齊家를 일의적 덕목으로 가르쳐왔다. 그런데 어찌하여 우리 사회에는 이런 난맥상이 그치지 않고 있는지 안타깝기 그지없다.

하지만 인간사회에서 빚어진 모든 문제들은 반드시 그 안에서 해법을 찾을 수 있다는 전제 하에 나는 문학을 통한 사회정화를 부르짖고 싶다. 아무리 포스트모더니즘의 탈 이성주의의 물결이 온통 우리 사회를 뒤덮는다 하더라도 우리 문학은, 생각하지 않고 행동하는 무분별한 자가도취풍조에 휩쓸려서는 아니 된다. 냉철한 이성과 따뜻한 인간애를 바탕으로 하는 창작정신은 바로 진리와 정의를 구현하는 길잡이가 되기 때문이다.

지금 우리 사회는 마치 풍랑을 만난 난파선처럼 표류하고 있다. 매일같이 쏟아져 나오는 암울한 뉴스는 한 치 앞을 가늠할 수 없고, 멀리 바다 건너에서는 무차별적인 살인테러가 공포분위기를 증폭시키고 있다. 가히 지구 종말론의 전조라고 해도 지나친 말은 아닐 것 같다.

그래서 우리의 문학화두話頭를 인간성 회복이라 잡아본다. 인간성이란 신성神性과 같아서 그 바탕에는 선성善性이 깔려 있다. 인간은 신의 모습으로 창조되었기 때문에 원초적인 성품 역시 선성일 수밖에 없다.

또 선성이란 감사와 배려를 기조로 하며 진실에 의해 그 빛을 발산한다. 또한 진실은 사랑을 통해 그 실체를 확인하게 된다. 그리고 참됨과 착한 것은 아름다움의 극치라 할 것이니, 이 진선미야말로 우리 인간성의 핵심이며 주축이라 할 수 있다. 따라서 인간성을 회복한다는 것은 바로 우리 마음에 진선미眞善美를 가꾸는 일이며, 이 진선미로 승화된 사랑을 실천하는 일이라 할 것이다.

그런데 우리의 현실은 어떠한가? 저마다 남의 앞에 서면 진리의 표본인 양 언동言動 하다가도 일단 본거지로 돌아가면 온갖 거짓의 소용돌이 속에서 헤어나지 못하고 있지 않는가. 또 사람마다 자신의 악행을 감추기 위해 선행의 너울을 쓰고 가면극을 연출하는가 하면, 대중 앞에서는 자신의 몸과 마음이 가장 아름다운 체 과시하는 지도자도, 그 내면을 들여다보면 가장 추악한 몰골로 노정露呈되는 것이 바로 오늘의 세상이 아닌가.

이렇듯 온통 부정비리로 얼룩진 불신사회의 병폐를 치유하는 길은 무엇일까.

자칫 아전인수식 발상으로 매도될지도 모르겠지만 나는 서슴없이 문학을 통한 심성 정화를 그 첩경이라 진단하고 싶다.

시든 수필이든, 아니 문학이라는 이름으로 글을 쓰는 모든 이에게는 세속적인 탐욕이나 쾌락 따위가 자리 잡을 수 없다. 〈시인의 나라에는 도둑놈이 없습니다〉라고 노래하는 그 시인에게서 그 어떤 욕심을 엿볼 수 있으며, 하루의 행복을, "한 잔의 커피와 한 갑의 담배로 만족해하는" 시인에게서 그 무슨 다른 욕심 따위를 찾을 수 있겠는가.

정녕 이 시대 우리 사회가 맑고 건전하게 발전되기를 바란다면 마땅히 문학을 활성화시켜 그 정신을 우리 후세들에게 물려주어야 할 것이다. 양심과 도덕률이 지배하는 이상사회의 모델은 문학지향의 사회가 아닐까. 저 행정자치부가 공무원에게 시심詩心을 고양하는 것처럼.

3부

선거와 민주주의

2차 세계대전을 승리로 이끌었던 영국의 수상 처칠경이 한 말이 생각난다.

"자유민주주의 정치라는 것이 지고지상의 것은 아니다. 다만 현재까지 이 지구상에 등장한 그 어떤 정치제도보다 낫기 때문에 우리는 이것을 지향하고 있을 뿐이다. 만약 앞으로 이보다 더 좋은 정치제도가 출현한다면 우리는 마땅히 그것을 택해야 할 것이다."

오랜 역사와 전통을 자랑하는 선진민주주의 국가의 재상답게 확고한 소신과 겸허한 자세가 돋보이는 말이라 하겠다. 이것은 당시 양극화의 냉전체제 속에서, '공산주의 체제는 과학적 사회주의이기 때문에 한점의 오류도 없는 완벽한 정치제도'라고 입버릇처럼 자랑을 늘어놓던 '스탈린'에 대한 핀잔조의 말이었다.

사실 냉정하게 따지고 보면 자유 민주주의만큼 허점과 단점이 많은 정치제도도 없을 것이다. 아무리 좋은 일을 하려해도 비판과 반대에 부딪치기 일쑤이다 보니 자질구레한 일까지도 의사합의 과정이 너무 어려워, 갑론을박하다가 용두사미로 끝나버리는 경우가 허다하기 때문이다.

어떤 기성품 옷을 사 입듯이 아무렇게나 선택할 수 있는 것이 민주주의 제도는 아니다. 더구나 전혀 정치훈련이 되어 있지 않는 후진국 국민에게는 쉽사리 받아들여질 수 없음은 뻔한 노릇이다. 그래서 의욕에 찬 정치지도자들은 단시일 내에 눈부신 성과를 이룩하기 위해서는 독재체재에 대한 매력을 떨쳐버릴 수가 없었을 것이다.

몇 해 전의 일이다. 내 고향 출신 모 정치인은 남다른 경로사상의 소유자로서 자기지역에다 노인 복지를 위한 이상적인 '노인촌'을 계획한 일이 있었다. 시의時宜에 알맞는 좋은 사회사업임은 물론, 윤리 도덕적인 측면에서도 그 뜻이 훌륭하다고 하여 각계각층으로부터 많은 찬사와 호응을 받았다. 하지만 몇 달 뒤 부근 땅값 하락을 이유로 주민들의 반발을 사게 됨으로써 끝내 낙선의 고배까지 마시고 무산된 일이 있었다.

독재체제 하에서는 1년 만에 해치울 일이 수십 년이나 걸릴 수 있는 것이 자유민주주의 체제의 약점이다. 언젠가 싱가포르의 이광요 전 수상은, 당시 우리 대통령이 '나는 민주주의와 경제성장을 동시에 이루겠다'고 언명한 말을 받아 "내가 하버드대학 정치학과 출신인데 어찌 자유민주주의를 모르겠는가" 라고 말한 것을 지상에서 본적이 있다. 엄격한 규율과 통제의 나라, 사실상 독재체제나 다름없었던 싱가포르를 세계일류국가로 만든 이광요 전 수상을 두고 독재자라고 비난하는 사람은 별로 없는 것 같다. 이러한 경우를 두고 선의의 독재라고 했던가.

우리는 박정희 전 대통령의 치적을 두고 아직도 찬반이견이 분분하지만 가난의 대명사인 보릿고개를 추방하고 이 땅에다 경제대국의 토대를 이룩했다는데 대해서는 이견이 없는 것 같다. 아무 일이나 희생의 대가 없이 공짜로 얻어지는 성과는 없는 법이다. 어쩌면 오늘날 우리가 누리고 있는 이 경제적 풍요도 개발독재에 의한 희생의 대가로 얻어진 결과물이라 해야 하지 않을까. 최근 경제적 불황 속에서 생활고에 허덕이는 사람들 중에는 차라리 '그때가 좋았는데' 하고 한숨쉬는 것을 볼 적에는 더욱더 그런 생각이 든다.

민주주의 정치제도에서 강조되는 '다수결의 원칙'이라는 것도 그렇다. '처칠'경의 말을 빌리자면 다수결이라는 제도도 절대적인 정답이기 때문에 택하는 것은 아니다. 그 이상 다른 해결책이 없기 때문에 할 뿐이다. 문제의 정답도출 면에서만 본다면 '소크라테스'나 '아인슈타인'같은 천재 한사람의 의견을 보통사람 수십 명이 어찌 당할 수 있겠는가? 만약 다수결이란 미명하에 '맹자가 공자의 스승'이라고 가결해도 따라가야 하겠는가.

일찍이 우리 동양의 역사 속에는, 민주주의라는 단어는 없었지만 그 내면을 들여다보면 민주주의 못지않게 차원 높은 왕도정치란 것이 있었음을 알 수 있다. 비록 전제군주제이긴 해도 정치의 근본을 백성에 둔다는 민본사상과 덕으로서 나라를 다스린다는 덕치주의를 성군聖君이 지향하는 이상 정치로 여겼던 것이다.

옛날 중국의 요순이나 조선조 세종대왕 같은 성군들의 정치가 바로 여기에 해당한다고 할 수 있다. 그 옛날 부국강병책을 도모하여 진의 천하통일토대를 닦았다고 할만한 상앙이란 자도 처음에는 진효공에게 왕도정치를 주청하였다. 하지만 그 왕도정치의 이상이 너무 원대하고 실천과정이 어렵다 보니 그는 태도를 바꾸어 힘으로 밀어붙이는 패도정치를 건의하여 그 놀라운 발전을 도모했다는 고사는 깊이 음미해 볼만 한 일이다.

상앙이 마음껏 권력을 휘두르다가 결국 자기가 만든 법망에 스스로 걸려 죽을 정도로 비참한 최후를 마쳤지만 부국강병의 획기적인 업적을 남긴 것만은 오늘날까지 역사적인 평가를 받고 있다. 이러한 역사적인 실례를 보더라도 민주주의라는 정치제도가 그 얼마나 어렵고 비능률적인 것인가를 알 수 있다.

민주주의 정치제도의 꽃은 자유선거라 할 수 있다. 그러나 이 자유선거 역시 허점과 맹점이 많기로는 더 할 나위가 없다.

온갖 비리와 중상모략이 난무하여 마땅히 당선되어야할 인물이 무명의 풋내기에게 떨어지는가 하면, 자타가 공인할 만큼 실력과 덕망을 갖춘 사람이 어느 호스티스에게 패배하는 진풍경을 지켜보면서 우리는 사방에서 망국풍조라는 개탄소리도 듣는다. 오늘날 우리의 선거풍조만큼 사회적인 비난을 받는 것도 드문 일이다.

이때까지 설익은 자유민주주의 제도가 겪는 혼란과 허점 약점 등을 피상적으로 나마 살펴보았다. 그러면 이렇듯 허점투성인 자유민주주의를 우리는 왜 그토록 갈망하는 것인가. 그것은 두말 할 것도 없이 자유민주주의의 최고 이념이 인간의 존엄성을 옹호하는데 목적을 두고 있기 때문이다.

인권이나 인간존엄성구현은 그 자체가 목적적 가치이며, 그 어떤 다른 가치로도 대체할 수 없기 때문이다. 독재체제의 장점이 아무리 많다 해도 그것은 수단가치에 불과할 뿐 그것으로서 주객을 전도시킬 수는 없기 때문이다. 그러므로 민주주의란 말은 하나의 정치이념이라기 보다는 한 차원 높은 국민의 생활철학이라고 해야 할 것이다.

지금 우리나라는 연말에 있을 대선을 앞두고 치열한 선거전에 돌입했다. 날마다 상대의 약점을 폭로 비방하는 목소리가 드높다. 뜻있는 사람들은 모두 이맛살을 찌푸리며 나라의 내일을 걱정한다.

하지만 이런 자유선거가 비록 비리와 부조리로 얼룩진다 하더라도, 정적이나 반대자를 납치 암살하는 테러 행위보다는 낫지 않은가. 또 선택의 여지없이 단일후보를 내세워 찬반 투표만 하는, 전체주의 체제보다는 낫지 않은가.

처칠경의 말처럼 자유민주주의가 지고지상이라서 하는 것은 아니다. 아직은 그 어딘가에 숨어있는 지고의 정치제도가 나타날 때까지 우리는 이 차선(次善)의 정치제도를 끝없이 발전시켜 나가야 할 것이다. 이는 마치 어린 아이가 홍역을 치르면서 성장하는 과정과도 같은 것이 아닐까.

성실한 마음자세

사람이 갖추어야 할 품성 가운데 성실성만큼 중요시되는 덕목은 없다.

어떤 단체나 조직의 분위기가 성실성으로 가득 차있으면 모든 구성원은 자신이 속한 조직에 대하여 남다른 신뢰와 자부심을 갖게 된다. 그러나 성실성이 없는 조직 풍토에서는 각기 자신의 이득만 챙기기에 혈안이 될 것이니, 거기서는 아예 신뢰나 자부심이나 안정감 따위는 기대할 수 없게 된다. 그래서 성실은 우리 인간 사회에서 통용되는 가장 확실한 보증수표라고 하고 있는 것이다.

그런데 요즈음 우리 사회에는 성실한 사람 찾기가 하늘의 별따기 보다 어렵다고 하지 않는가. 도처에서 불거져 나오는 대소 사건들의 공통적 원인은 거의가 부성실한 인간성에 기인

하고 있으니 말이다. 그 옛날 대낮에 촛불을 들고 '의인義人찾기'에 나섰던 디오게네스의 일화가 새삼스럽게 떠오른다. 인간성회복을 일의적인 사명으로 삼고 있는 문단 가족들이 이해득실 때문에 이합집산을 다반사로 하고 있는 작금의 현실이 안타깝다.

의리나 지조를 손바닥 뒤집듯이 하는 정치마당에서도 '평생동지'라는 말을 곧잘 하고 있는데, 하물며 지사적 필봉을 유일한 긍지로 삼고 있는 문단 사회에서마저 그 정치집단의 생리를 닮아간다면 어떻게 되겠는가. 굳이 조지훈의 지조론을 들먹이지 않더라도 지조는 선비의 것이요, 교양인의 것임을 굳게 믿어온 우리가 아니던가.

성실한 사람은 정직과 신의를 신조로 삼는다. 남을 이용하기 위해 가식을 하거나 위세를 부리는 일도 없다. 누가 뭐라고 하던 자기에게 부여된 역할만을 묵묵히 수행할 뿐인 것이다. 우리가 자신의 건강증진을 위해 땀 흘려 운동을 하는 것처럼 성공적인 인생을 위해서는 무엇보다 먼저 성실한 마음자세를 가꾸어 나가야 함은 당연하다.

일찍이 중국의 대학자였던 사마온공은 마지막 죽을 때 제자들에게 정성 성誠자 하나만을 유언으로 남겼다고 한다. 즉 학문이나 사업이나 그 무슨 일을 하든지 간에 성실하게만 하면 이루지 못할 일이 없다는 것을 강조하였던 것이다.

또 공자의 수제자였던 증자도 매일매일 세 번씩 반성하라는 뜻의 일일삼성一日三省을 가르쳤는데, 이것 역시 모두 성자誠字를 주제로 삼고 있음은 매우 의미심장한 일이다. 그가 제시한 첫째의 반성은, '내가 남의 일을 맡아서 수행했을 때 과연 성실誠實하게 했는가' 이고, 둘째 반성은, '친구를 사귐에 있어서 성심誠心을 다했는가' 이며, 셋째 반성은 '스승으로부터 배운 학문을 성의誠意를 다해 익혔는가' 라고 하였다. 그러니 이 성실이야말로 미덕중의 미덕이라 하지 않을 수 없다.

우리 조선조의 대학자였던 퇴계 선생의 경우도 이 성실성에 얽힌 많은 일화를 남겼다. 그는 오로지 자기 학문에 성실하기 위하여 여러 차례에 걸친 임금의 출사出仕명령도 고사했다. 성균관 교리와 대사성, 부제학과 공조참판의 벼슬마저 사양한 그는 고향인 안동에 내려가 후학양성에만 전념했으니, 그것이 곧 우리 민족의 정신적 사표로 우뚝 서게 된 계기가 되었던 것이다. 오늘날 출세영달을 위해 온갖 추태를 연출하고 있는 세인들에 비추어보면 이 얼마나 감동적인 훈고인가.

얼마 전의 일이었다. 시내를 걷다가 길모퉁이에 있는 구둣방에 들러 구두를 닦은 일이 있다. 온 손에 시커먼 구두약을 묻힌 젊은이는 뭐가 그리도 신이 나는지 연신 싱글벙글하며 구두를 닦고 있었다. "오늘 무슨 좋은 일이 있는 모양이죠?" 라고 물었더니 전혀 뜻밖의 대답을 하는 것이었다.

"저는 얼마 전까지만 해도 꽤 좋은 회사의 사원이었습니다. 구조조정 때문에 실직한 후로는 모든 욕심을 버리고 오직 생계

안정만을 위해 이 일을 하고 있습니다. 다행히 아들 녀석이 공부를 잘해 희망을 걸고 있는데, 그 녀석이 좋은 대학에만 들어가 준다면 이런 고생쯤은 아무것도 아니지요."

이렇게 거침없이 말하는 그는 사실 남의 구두를 닦는 것이 아니라 자신의 희망을 닦고 있었던 것이다. 이 어찌 성실한 생활자세의 본보기라 하지 않겠는가.

지금 우리 사회에는 땀 흘리는 노력 없이 손쉽게 사는 방법만을 찾아다니는 사람들이 의외로 많은 것 같다. 얕은 꾀, 이기적 지혜만을 좇는 사람들이 많다는 것이다. 돈을 버는 일이라면 부모와 자식까지도 서슴없이 살해하는 패륜적 범죄행위도 다반사가 되어버렸으니 이 얼마나 통탄할 일인가.

사실 세상에는 지혜가 모자라서 실패하는 사람보다 성실하지 못해서 실패하는 사람이 더 많으니, 우리는 마땅히 지혜보다는 성실 쪽을 택해야 하지 않을까. "성실하면 없던 지혜도 새로 생기지만, 성실하지 못하면 있던 지혜마저 달아나고 만다."는 선현들의 가르침을 새삼스럽게 곱씹어 본다.

흙과 땅

언젠가 K시인의 연작시에서 읽은 '도시의 사람들은 흙을 모른다. 다만 땅만 알 뿐이다.'라고 한 구절이 떠오른다. 비록 평범한 시구 같지만 이 구절 속에는 현대문명 속에서 사는 도시인들의 탐욕에 찌든 각박한 인심세태를 풍자한 말이라 하겠다.

나는 원래 시골출신이라서 그런지 '토지'하면 먼저 떠오르는 것이 흙이다. 흙도 내 고향 논밭에서 일년 내내 알뜰하게 가꾸어온 땅, 그것도 퇴비냄새 물씬 풍기는 검고도 부드러운 것이라야 값진 것으로 여겨왔다.

즉 토지의 가치라는 것도 그 면적의 크기나 거리의 원근에 앞서 이렇게 부드럽고도 진한 흙이 있어야 한다고 생각했고, 나아가서 씨를 뿌려 가꾸기만 하면 오곡이 무럭무럭 자라 수확이 풍성해야 가장 값진 땅이라고 생각했던 것이다.

이러한 내 잠재의식은 도시생활 수십 년을 해와도 좀처럼 사라지지 않는다. 비록 하늘 아래 첫 동네라든가 감자바위라는 별명이 붙은 산촌마을이지만, 일찍이 이 나라의 문호 이효석을 낳아준 내 고향 봉평은 흙이 좋은 문전옥답이 많아 '장작불에 이밥 먹는 살기 좋은 고장'이라는 것을 나는 늘 자랑으로 삼아 왔다.

박토든 옥토든 흙은 우리에게 진실만을 가르쳐 준다. 뜨거운 햇볕 아래 구슬땀을 흘리며 손마디가 갈퀴등이 되도록 논밭매기를 하고 나면, 그 만큼의 노력의 대가는 수확으로 보장을 받게 된다. 즉 천혜의 땅에 씨 뿌려 가꾼 것만큼 그 소출을 보장받는다는 확신이 농민들의 가슴 속에는 깊이깊이 뿌리박혀 있는 것이다. 이른바 농심이라는 말의 본 뜻도 깊이 음미해보면 노력한 만큼의 대가를 얻는다는 단순한 실리적 계산에만 국한되는 것은 아니다. 천심, 농심, 민심이라는 말과 같이 천, 지, 인이 한데 어우러진 대화합의 장을 의미하며, 이는 보다 높은 차원의 친화력을 상징하고 있는 것이기도 하다.

그 대표적인 실례로는 지금도 시골 농촌에서 볼 수 있는 두레와 품앗이 같은 미풍양속을 들 수 있는데, 이것 역시 따지고 보면 일찍부터 우리 민족의 대화합의 장으로 승화시켰던 뿌리 깊은 전통사상이었음을 알 수 있다. 사실상 무더운 여름날 그 힘겨운 논밭매기를 혼자서 하려면 못 견딜 만큼 지루한 고통이 따른다. 위에서 내려쬐는 뙤약볕과 아래서 치솟는 복사열 속에서 금세 숨이 막힐 지경이라는 것은 농사 경험을 해 본 사람만이 그 고통을 안다.

그래서 슬기로운 우리 조상들은 이러한 두레, 품앗이 같은 공동체를 조직하여 되도록이면 농사일에 쏟는 노력의 고통을 덜어 보려고 노력했던 것이다. 즉 농자천하지대본農者天下之大本이라는 깃발을 드리우고 그 중에서 선소리와 후렴 잘 메기는 소리꾼이 장고북을 메고 나와 우렁찬 농부가를 부르면서 일을 주도해 나가는 것이다. 그리하여 오늘은 김서방네, 내일은 박서방네 순으로 그 고된 일을 릴레이식으로 치르어 나가는 것이다. 얼큰하게 농주 한 사발을 들이키면 은근히 취흥도 돋우어져 절로 흥타령과 어깨춤도 추면서 그야말로 삼복더위 고달픈 논매기를 하나의 잔치마당으로 장식해 나가는 것이다.

우리는 여기서 다시 한번 우리 조상들의 슬기에 감탄하게 되는데, 그것은 그토록 고통스러운 일에다 신명을 불어넣어 고苦를 락樂으로 전환시켰다는 점이다. 사실 일이나 춤이나 에너지의 소모 측면에서만 본다면 다 같이 몸을 움직여 고달픈 것은 마찬가지가 아닌가. 그러나 왜 농사일은 고달프고 춤은 어찌하여 즐겁기만 하는가? 그것은 두말할 나위도 없이 춤에는 신명(신바람)이 들어가 있기 때문이다.

스스로 즐거워서 하는 일에는 싫증이 나지 않는 법이다. 여기에 착안한 우리 조상들은 그 고달픈 일에다 신명을 불어넣어 마치 농사일을 춤의 경지로까지 승화시켰던 것이다.

이렇게 해서 얻어진 성과는 또 어떠했던가. 두말할 나위도 없이 고달픈 농사일을 즐거움으로 바꾸어 일의 능률을 극대화시켰고, 또한 강한 공동체의식을 형성케 함으로써 인화의 바탕을 다져 나갔던 것이다.

평소 이웃간에 벌어졌던 아전인수 같은 갈등이나 전답 경계선을 에워싼 시비 등, 자질구레한 감정 따위도 이러한 바탕 위에서는 말끔히 해소되었던 것이다. 그야말로 훈기어린 흙냄새 속에서 천, 지, 인이 삼위일체가 되는 대화합의 장을 이루었던 것이다.

우리 인생에 있어서 흙과 땅의 의미는 이렇듯 천, 지, 인의 합일을 이루는 중심사상이었다.

그러나 현대에 올수록 이러한 흙과 땅의 중심사상은 점차 퇴조해 버리고 극단적 타산심리만 남은 것 같다. 앞에서 예거한 시구와 같이 현대인들의 토지에 대한 관심은 이미 흙은 없어지고 땅만 남은 것은 아닐는지…….

토질이야 어떻든 무슨 상관이랴. 경제적 효용가치면에서의 땅의 공간면적이 얼마나 크며, 도심에서 얼마나 가까운 거리에 위치하고 있는가의 여부만 따진다. 도로와 상가 주변과의 거리 상관에 따라 그 값이 매겨지고 치열한 투기경쟁이 벌어지고 있다.

이제 현대인들은 흙이 있고 땅이 있다는 사실을 까마득히 잊어버리고 있다.

'내 죽으면 고향 뒷동산의 한줌 흙이 되면 그뿐/그곳이 내 태어나기 이전의 보금자리인 것을…'
하고 읊은 모 시인의 노래가 새삼스러이 잔잔한 심파心波를 몰고 온다.

언젠가 고층 아파트에 사는 친구집을 방문한 적이 있는데 그도 나와 같은 시골출신이라서 그런지

"요즈음 우리 식구들은 흙냄새를 못 맡아서 모두 얼굴이 누렇게 떠 있다"
고 푸념하던 말이 떠오른다.

또 어떤 어린이가 매스컴에 나와,

"우리도 한번 땅집(?)에서 살아 봤으면 좋겠다."
고 한 말도 되살아난다. 그것이 과연 일시적인 호기심에서 나온 말인지, 본래의 고향으로 돌아가고 싶은 우리 인간의 원초적 귀소본능에서 나온 말인지는 확실치 않으나 우리 모두 깊이 음미해 볼 일이다.

사면의 벽은 물론 한 뼘의 발디딜 땅마저 모두 콘크리트에 덮혀, 이제 우리 도시인은 흙도 땅도 모두 잃고 있는 것은 아닐까.

영원히 대물려 가야 할 흙의 주인공들도 점차 흙을 등지고 있고 천혜의 땅에서 얻어지는 값진 수확물도 지나친 인위적 조작에 의해 본래의 가치를 상실해 가고 있다.

오늘날 끈끈한 인간적 유대가 이루어지지 못한 도시인의 생

활도, 또한 날로 흉폭해지는 인간성 상실의 원인도, 이렇듯 흙 냄새를 모르고 살아 왔기 때문이 아닐까 하고 못내 생각해 본다.

"천리天理를 거스르고 어찌 순명順命의 길을 기대할 수 있겠는가?"

이는 흙 냄새를 외면하고 살아가는 현대인을 향해 천天과 지地가 던지는 마지막 경고라 해도 좋을 것이다.

숨어서 피는 꽃

우리 집 정원에는 지난 해 거의 고사상태에 빠졌다가 되살아난 수국 한 그루가 있다. 평소 화초에 대해 별로 관심이 없던 나였지만 막상 죽었던 수국이 다시 살아난 것을 보니 여간 대견스럽지가 않았다.

이 수국은 지난여름 삿갓 모양으로 생긴 큰 향나무 밑에서 호된 시련을 겪었다. 화초의 생리를 잘 몰랐던 나는 설사 나무 그늘에서도 별 탈 없으려니 했는데, 실제는 그것이 아니었다. 여름에 피는 꽃일수록 햇볕을 잘 받아야 하고 통풍도 잘 되어야 한다는 것을 그 때에야 비로소 알게 되었다. 볕과 바람을 쏘이지 못해 질식 상태에 있던 것을 아내의 정성스러운 손길로 옮겨 심어 가까스로 기사회생起死回生시켰던 것이다.

그래서 그런지 올해는 꽤 싱싱하게 자랐는데도 이웃집의 쟁

반 같은 수국보다는 빈약하고 포기도 적어 보였다. 여느 해 같았으면 벌써 탐스러운 꽃송이가 만발했을 텐데, 요즈음에 와서야 겨우 한 송이만을 피우고 있으니 말이다. 하지만 좀 빈약하면 어떠한가. 내가 평소 좋아하던 연보라 빛 꽃술을 벙그리며 연신 함박웃음을 피워주고 있는 것을 보면 절로 쓰다듬어 주고 싶어진다. 그런데 이 꽃은 청순하고 아름다운 자태를 당당하게 드러내지 않고, 좀 수줍은 듯 다소곳이 서 있는 것이 못내 측은하게 느껴졌다. 온갖 무성한 잎들에 가려진 채 고개를 푹 떨구고 있는 수국은 남의 손을 빌리지 않고는 좀처럼 사람의 눈에 띄기조차 어려워 보였다.

옆에 있는 옥잠화 채송화 모란 등이 저마다 요염한 자태를 뽐내고 있는데 반해 혼자 수줍어하고 있는 저 가녀린 모습의 수국. 그러나 다른 꽃들과는 일체 미색美色을 겨루지 않고 뭇 잎들 속에서 홀로 피어있는 자태는 사뭇 고고하기까지 하다고 해야겠다.

꽃나무도 감성이 있는 것일까. 지난해 여름 모진 홍역을 치른 탓인지 저렇듯 자신의 자세를 낮추고 있는 겸허에는 아마도 그 무슨 까닭이 있는 것 같기만 하다. 주변의 꽃들이 화려하면 할수록 내 마음은 오히려 저 외톨이 수국한테 더 기울어지게 된다.

따지고 보면 우리네 인생살이도 이와 마찬가지가 아닐까. 오늘날 저마다 난 체 하는 과시욕증후군誇示慾徵候群을 떠올려

본다. 그 어디서나 자신의 얼굴을 내세우지 않고는 견디지 못하는 현대인의 경박한 생리를 생각하다가, 문득 저 고개를 숙이고 있는 수국 앞에 와서는 겸허하게 자신을 도야陶冶하는 은자隱者의 교훈을 느끼게 된다.

정금미옥精金美玉도 반드시 뜨거운 열화熱火 속에서 단련되듯이 고난과 시련의 역경을 겪어보지 않은 사람은, 진정 생의 참 의미를 깨달을 수 없을 것 같다. 때로는 자기 자신이 하나의 들풀이나 돌덩이보다도 약한 것을 안다면 어찌 함부로 고개를 쳐들고 교만을 피울 수 있겠는가.

그런 의미에서 보면, 잠깐 동안 강한 햇볕만 받아도 금세 시들어 버리는 나약한 꽃들이 어찌 신산인고辛酸忍苦를 겪은 저 수국의 마음을 읽을 수 있겠는가 하는 생각도 든다.

문득 '늙은 학은 아무리 굶주려도 마음가짐이 너그러우니 어찌 닭이나 오리들처럼 먹이를 다투랴.'라고 한 옛 선비들의 경구를 새삼스럽게 되뇌어 본다. 저 채송화나 나팔꽃처럼 너무 예민하고 직설적인 삶보다는 좀더 은인자중하면서 겸양과 관조의 삶을 살아간다면 얼마나 값지고 귀한 일일까….

밝은 태양이나 촛불도 실은 스스로 숨어서 몸을 태우고 있는 것이지만 그 덕망의 빛이 너무나 강렬하다 보니 저렇듯 만인의 눈을 부시게 하는 것이리라. 덕불고필유린德不孤必有隣이란 말도 이와 같아, 옛 선비들도 숨어서 도道를 닦는 것을 미덕으로 삼았지만 닦으면 닦을수록 그 빛이 이웃으로 번져나가는 데는 스스로도 막을 길이 없었던 것이다. 그래서 한때는 은자隱者였던 강태공이나 제갈량 같은 위인들의 입신양명立身揚名도 바로 이런데서 비롯된 것이 아닌가 하는 생각도 든다.

오늘날 지나친 처세욕處世慾에 급급한 나머지 항시 초조와 불안에 쫓기는 사람들의 생활은 한 마디로 말해서 강박관념에 사로잡혀 있다고 해도 과언이 아닐 것이다. 공사를 막론하고 빈틈없는 일정과 각본에 따라 살아가다 보면 모든 것이 순조롭거나 여유로울 수가 없다. 그래서 일상의 여유를 빼앗긴 현대인들은 만병의 근원이라고 하는 스트레스에 시달리고 있는 것이다.

하지만 생활의 여유라는 것은, 반드시 바쁜 일에 쫓긴다고 해서 빼앗기는 것은 아니다. 동중정動中靜이란 말이 있듯이 마음의 여유를 지닌 사람은 저 시끄러운 광장의 한가운데서도, 또는 포화砲火가 우짖는 전쟁마당에서도 오히려 한가한 마음을 가꿀 수가 있다고 하지 않았던가.

이러한 마음가짐은 곧 그 사람의 생활태도 여하에 따라 좌우되는 것이다. 한가로운 마음의 경지를 이룩하지 못한 사람은 무슨 일을 하든지 결국은 자아상실증에 빠지고 마는 것이다. 진실로 큰 뜻을 품고 일을 하려면 사물의 바깥세계에 서서 사물의 내부를 통찰하는 안목을 지녀야 할 것이다.

뭇 이파리에 가려진 채 푹 고개를 숙이고 있는 저 한 송이 수국을 통해 나는 새로운 삶의 슬기를 터득하고 있는 것이다.

신 불신시대新不信時代

30여 년 전의 일이라고 기억된다. 박경리의 소설 '불신시대'가 발표되면서 우리사회에 큰 파문을 일으킨 적이 있었다. 역시 작가나 시인은 새로운 말의 창조자라는 호칭을 받을 만치 예언적 용어를 빚어내는 귀재라 할 수 있다.

그런데 당초에는 그토록 충격적이던 불신시대란 말이 이제는 한 낱 일상용어가 되어 버린 것 같아 씁쓸하다. 현대를 일컬어 매스컴의 시대, 대화의 시대라고 해서 그런지 사람과 사람 사이에 주고받는 말도 너무 차고 넘치는 바람에 그만큼 신빙도信憑度도 줄어든 것 같다. 말이 많으면 그에 비례해서 쓸 만한 말도 적어진다는 옛말이 있는 것처럼.

과연 저토록 많이도 쏟아내는 말 가운데 믿을 만한 말이 몇 퍼센트나 될까, 곰곰이 생각해 보면 고개가 갸우뚱거려진다.

말에 대한 믿음이 약해질수록 이를 변호하기 위한 말의 양은 더 늘어나게 마련이다. 그래서 끝내는 사람의 말은 믿을 것이 못된다는 불신 때문에 사소한 거래까지도 각서나 보증 따위의 법적 뒷받침을 강요받는 시대가 되어버리고 말았다.

언젠가 가깝게 지내던 친구 A는 평소 가장 믿었던 후배가 극한적인 용어까지 구사하며 쓴 각서를 내밀기에, 3개월 기한부로 어렵게 저축한 돈을 빌려주었는데 3년이 지난 오늘날까지 종무소식이라고 푸념하는 말을 들은 적이 있다. 그 각서의 내용대로 하자면 바로 구속이 되어야 하고, 어떤 벌 어떤 불이익도 달게 받겠다고 하였는데 어떻게 그대로 이행할 수 있겠느냐는 것이었다.

또, 평생 동안 교단생활을 하다가 정년퇴직한 모 교수는 평소 친자식처럼 믿었던 제자에게 자신의 퇴직금 전액을 빌려주었다가 그대로 날려버려 여생의 호구지책이 막연하다고 하소연하는 것을 어느 신문지면에서 본적이 있다. 그밖에도 절친한 친구사이에 보증을 서주었다가 패가망신 했다는 이야기는 이제 다반사처럼 되어 버렸다.

이렇게 약속이나 계약을 어긴 사람들의 공통점을 보면 평소의 친분관계로 보아 보통말로 가능한 것을 극한 용어를 써가면서 서약의 각서를 내민다는 것과 나아가서 약속을 어기고도 별로 죄책감 없이 그냥 안면을 바꾸어 버린다는 것이다.

그래도 옛날에는 고의든 아니든 간에 불신을 저지른 데 대해서는 그 과오를 씻으려고 애걸복걸도 하고 다시 신용회복을 위한 안간힘을 쓰기도 했다. 그런데 요즘 사람들의 자존심은 그것마저도 허락되지 않는 것인지, 반성보다는 자기변명과 합리화에만 급급해 하는 것 같다. 아니 배신자의 본색을 드러내려는 듯 오히려 뻔뻔스럽게 나오는 파렴치한도 있다.

그리하여 종내에는 평소의 친분이나 의리 따위도 아랑곳하지 않고 '어디 할 테면 해보라' 는 식으로까지 나오니 마음 약한 사람으로서는 오히려 기가 질릴 수밖에 없다. 그래서 단 얼마라도 건지고 회복하려면 도리어 채무자에게 빌고 사정하는 저자세를 취해야 할 판국이라는 것이다. 사기를 직업으로 하는 사람들도 아닌데 이토록 고차원적인 술수를 쓰니 이제는 불신이란 말로만 경계하기에는 너무 약한 것 같아 신(新)자가 하나 더 붙게 된 모양이다.

하기야 국제조류에도 신냉전시대新冷戰時代니 신보호무역시대新保護貿易時代이니 하고 있는 판국에 신불신시대新不信時代란 말이 하나 더 생겨났다 해서 이상할 거야 없지 않는가. 거짓말 하는 태도도 저렇듯 당당하니 어디 보통말로서야 거기에 대응할 수나 있겠는가.

이러한 불신사조는 사회 구석구석에 번지지 않는 곳이 없다. 어떤 학생들의 말을 들어보면 곡학아세曲學阿世하는 학자일수록 그 말이 세련되고 번지르르하니 그 강의를 어떻게 믿을 수 있겠느냐는 것이다. 또 일반대중들의 이야기를 들어보면 이미 속은 훤하게 들여다 보이는데도 눈 하나 까딱 않고, 또 온갖 미사여구美辭麗句를 동원하는 지도자들의 연설과 글을 어떻게 액면대로 믿을 수 있겠냐는 것이다. 이렇듯 기망과 호도 수법이 횡행하게 되면 참마음을 가진 사람은 설 자리가 없어진다. 악화가 양화를 구축한다는 그레샴의 법칙이 여기에도 통용되고 있으니 말이다.

하지만 이제 우리의 생활도 날로 풍요로워져 가고 있다. 고도로 발전된 우리산업은 국제사회에서도 높이 평가되어 우리나라는 명실 공히 선진국의 문턱에 들어서고 있다. 이것도 따지고 보면 우리의 질 높은 상품의 신용도가 가져온 결실이라 할 것이니, 결국 믿음만이 최종 승리자가 될 수 있다는 교훈을 곱씹게 된다. 어찌 상품의 신용도뿐이겠는가. 우리가 무심코 내뱉는 말 한마디까지도 전 세계인 앞에 우리의 신용도를 높이는 일이 된다는 것을 깊이 음미해 보아야 할 것이다.

요즘 갑자기 남북 정상회담을 위요하고 찬반의 여론이 분분하다. 그토록 나라의 장래를 위한 결단이었다면 왜 정권 초기에 결행을 하지 않았는가? 지금 정권말기에 그것도 대선이라는 격전을 눈앞에 두고 국면전환을 꾀하는 듯한 인상을 풍긴다는 것은 그대로 불신풍조만 가중될 뿐이다. 임기를 다한 정권이 국가중대사를 결정해 놓고 이것을 지속하기 위해서는 어느 특정 정당이 집권해야 된다는 논리를 구사한다면 이것이 곧 '신불신시대'를 부추기는 작태가 아니고 무엇이겠는가?

아직도 북한은 거짓과 위선의 왕국이라는 것이 세계인의 정평이다. 그런데 그들의 술수를 빌어 새 정권을 창출하겠다는 저의는 결코 용납될 수가 없다. 아무리 이념에 투철한 사회라 할지라도 그 본질이 거짓으로 차 있을 때는 걷잡을 수 없는 불행과 비극의 주인공이 된다는 사실을 우리는 너무나도 잘 알고 있기 때문이다.

참말만이 통하는 믿음의 사회, 인간의 존엄성이 보장되는 자유 민주주의 사회야말로 우리가 궁극적으로 추구해야 할 이상사회가 아닐까. 이것은 값싼 감상주의에 빠진 어설픈 통일론 보다 우선하는 참삶의 가치라는 것을 잊어서는 안 되겠다.

앉아서 꿈꾸는 산

주말이면 산에 오르겠다고 별러왔지만 정작 휴일이 닥치면 웬 일이 또 생기는 바람에 이 조그마한 소망마저 무너지고 만다. 그럴수록 아쉬운 마음은 더욱 간절하게 먼 산을 앉아서만 동경憧憬하게 되는 것이다.

등산용 배낭을 메고 당일치기 코스라도 산행山行을 하고 나면 도시생활에서 찌든 심신의 피로와 찌꺼기를 말끔히 씻어낼 수 있어서 좋다. 그러려면 사람들이 붐비는 명산대찰名山大刹보다는 비록 이름 없는 산이라도 좋으니 인적이 드문 깊은 산곡山谷을 찾고 싶어진다. 거기서 심호흡이라도 한번 크게 하고 기지개라도 마음껏 펴볼라치면 그 신선한 공기가 체내에 스며들어 온갖 불순물까지 깨끗이 청소해 줄 것만 같다.

먼 태고 적부터 맥맥히 이어온 산의 정기精氣. 저 푸른 가슴 속으로 안겨 들듯 산길을 따라 오르다보면 설사 오금이 저리고 정강이가 아파 온다 해도 그것은 고통이 아니라 쾌락으로 이어지는 지름길임을 알게 된다.

산에 갔다 오면 으레 가벼운 몸살 정도는 앓아야 제 맛이 난다. 그리되면 절로 고진감래苦盡甘來의 진수도 터득하게 된다. 그래서 '앉아서 꿈꾸는 산'은, 언제라도 그곳으로 달려 갈 수 있게 하는 원초적原初的인 향수를 자아내어 준다. 자질구레한 세속의 잡사와 온갖 갈등의 요인들을 멀리 멀리 밀어내면서…….

또 산은 예로부터 우리 인간들의 마지막 귀의처가 되어주고 있다. 인간도처유청산人間到處有靑山 이란 말이 있는 것처럼 산은 또 왜소하고 속 좁은 우리 인간에게 호연지기浩然之氣도 일깨워준다.

問余何意棲碧山(문여하의서벽산)
笑而不答心自閑(소이부답심자한)
桃花流水杳然去(도화유수묘연거)
別有天地非人間(별유천지비인간)

무엇 때문에 산중에 사느냐고 물으면,
대답대신 빙그레 웃으니 마음은 절로 한가롭네.
흐르는 물 따라 복사꽃은 아득히 흘러내리니,
이곳은 별천지, 사람 사는 세상이 아니지요.

이 詩는 당대唐代의 시선詩仙 이백李白의 산중문답山中問答이다. '대답 대신 빙그레 웃는다.'는 구절만 보아도 그 속에는 형언할 수 없는 산에 대한 천만가지 사념이 함축되어 있다.

그래서 저 유명한 등반가들도 왜 산에 오르느냐는 질문을 받고 '산이 거기 있기에'라는 대답밖에 못했는지 모른다. 이 두 대답은 양洋의 고금古今과 지위의 고하를 떠나, 산에 관해 느끼는 정서는 흡사하다는 것을 알게 된다. 그 모든 것을 포용하는 이 추상적인 명언은 어쩌면 물외한정物外閑情을 느낄 만큼 도통한 사람의 마음이 아니고서는 감히 흉내도 내지 못할 대답이라 하겠다.

이렇듯 산은 불가사의不可思議한 존재지만 그런대로 산을 찾는 인간에게는 각기 분수에 맞는 해답을 준다. 세상의 티끌이 묻은 자에게는 그 속진俗塵을 털어주고, 시름과 번뇌 때문에 고뇌하는 자에게는 타일러 깨우쳐 주기도 한다. 또 심약心弱한 자에게는 극기克己의 철리哲理를 깨닫게 해주고, 뜻있는 자에겐 그 은신隱身을 허락해 준다. 그러고도 우리가 마지막 가야 할 영원한 안식처까지 제공해 준다.

때로 산은 그를 얕잡아 보는 자에겐 서슬 퍼런 위엄을 보이지만 다시 고개를 숙여 품안으로 안겨 들면 온갖 것을 포용하는 조화調和의 미美를 선사한다. 그리고 산은 끝내 침묵하고 있는 것 같지만 다시 한번 그 미세한 구석구석까지 귀를 기울여 보라. 그곳에는 야수와 같은 포효도 있고 소곤소곤 거리는 계곡의 물소리와 새소리가 있으며, 또한 산허리를 감도는 솔바람소리의 합창이 웅장한 향연을 베풀고 있음을 알게 될 것이다. 산만이 지닌 저 신비하고 유연한 모습은 이렇듯 위엄과 조화 속에서 능소능대能小能大하여 정중동靜中動인지 동중정動中靜인지 조차 종잡을 수 없게 한다. 그래서 고금의 시인묵객詩人墨客들은 이런 산에 홀려 숱한 산의 송가頌歌를 불렀는지 모르겠다.

魂을 뿌린 破墨마다 바람을 날리고/ 안개를 피우고
달무리를 끼고 흐르는 山허리에는/ 어진이의 한숨도 홀려
저만치 드리운 君子의 낚시가/ 千年묵은 이무기를 낚아 올린다.
幽明도 여기 와선 분간 못할 꿈인 듯/ 신들린 갈대들의 피리소리만 들린다.
無爲히 기슭을 헤엄쳐 가는/ 맑은 날의 송사리들은/ 그 뜻이나 알까.

— 〈水墨頌 鄭秋植〉

여기서 시인은 수묵화를 통하여 산의 신비와 유현한 수수께끼라도 풀려는 것일까. 이 詩속에는 일체의 세속의 잡념과 번뇌를 버리고 유유자적하게 살아가는 우리네 옛 선비의 높은 이상과 은둔사상隱遁思想을 엿볼 수 있다. 이런 은자의 마음이

바로 산의 마음이 아닐까. 속진에 찌든 범인들이야 어찌 그 속마음을 알겠느냐는 식의 풍자까지 깃들어 있는 것 같아 절로 숙연해지는 마음까지 인다.

이렇듯 시공時空을 초월한 산의 모습은 그 의젓하고 과묵함이 동양적이다. 여기에 비하여 서양인들의 사상이나 사고방식은 아무래도 물을 닮았다고 해야 할 것 같다. 시대의 조류에 따라 변화무쌍하게 규격을 맞추어 가는 저들의 합리적인 실용주의 사고는 그대로 물을 닮았다고 하지 않을 수 없다. 주변의 여건에 따라 그 모습도 다양하게 변모되어, 시냇물과 강, 호수와 대하大河가 되는 것처럼 그들의 합리주의 사고방식 역시 오늘의 거대한 과학문명을 낳았는지 모르겠다. 하지만 우리 인간의 심저心底에 도사리고 있는 저 신비한 정신세계에 비추어 볼 때 어찌 저 산의 유현한 모습을 물이 따를 수 있겠는가.

끝내 한자리에 앉아 있어도 권태를 모르는 산의 모습, 그 많은 함성을 안으로만 삭이고 있는 산의 침묵은, 우리가 영원히 음미해야 할 묵시록默示錄이라 하지 않겠는가.

오월의 나비

나이가 들어야 추억의 진미를 안다고 했던가.

내 벌써 종심從心 고개에 접어들고 보니 지나온 날들에 대한 갖가지 추억들이 새록새록 되살아난다. 가슴속에서 회억의 물결이 출렁일 때마다 나는 곧잘 아득한 세월의 강 저 너머로 홍안의 젊은 시절을 떠올리곤 한다.

그 누구인들 가슴 아린 추억거리가 한두 가지쯤 없을까만 참으로 삶과 죽음의 구획마저 가늠할 수 없었던 전쟁마당에서의 회억만큼은 절실하지 못하리라. 북한공산군의 기습남침으로 야기된 6 · 25 전란이 한창일 때 나는 금강산이 내려다보이는 동부전선 최전방고지에서 보병 소대장으로 참전했다. 아무리 무쇠처럼 단단한 젊은 몸이라고 하지만 몇 날 몇 밤을 공방전투攻防戰鬪로 시달리고 나면 그야말로 온몸이 녹초가 되어 아무데서나 곪아떨어지고 만다.

1952년 5월의 어느 날이었다. 간밤의 격전으로 피로에 지친 나는 잠시 참호 속에서 낮잠에 빠져 있었다. 아니 그냥 졸고 있었다는 표현이 더 적절할 것 같다. 그런데 갑자기 고막을 찢는 듯한 총소리가 들리더니 뒤미처 소대원 한 사람이 전사했다는 무전 보고가 왔다. 정말 눈 깜짝할 사이의 일이었다.

전쟁마당에서야 항용 있을 수 있는 일이지만 그날따라, 아니 오늘날까지도 내 마음을 애절하게 에이는 데는 그럴만한 사연이 있다. 그 병사야말로 절절한 심혼心魂의 감동으로 시를 쓴 시인이며, 마지막 선혈鮮血을 녹여 시어詩語를 뿜어낸 격정激情의 시인이라고 할 수 있기 때문이다.

먼 남쪽지방에는 이미 온갖 백화가 만발했을 때이건만 38선보다 더 북쪽에 위치한 전선고지에는 아직 을씨년스러운 냉기冷氣가 흐르고 있었다. 더구나 응달진 골짜기에는 덕지덕지 백설기 같은 눈이 쌓여 있을 때였다.

그런데 이상한 일이었다. 이렇듯 한랭기온寒冷氣溫이 가시지 않은 살벌한 고지에 노랑나비 한 쌍이 찾아온 것이다. 졸린 눈을 간신히 뜬 채 적진을 경계하고 있던 L병사는 '아---저 나비!' 하면서 상체를 일으키는 순간 적의 총탄세례를 받은 것이다. 그 당시의 적은 고도로 숙련된 저격수들을 곳곳에 배치해 놓고 있어 우리의 허점이 조금만 노출돼도 영락없이 공격해 오는 장기長技를 가지고 있었다.

찰나적인 순간에 어처구니없는 일이 발생한 것이다. 너무나도 철없는 병사가 큰 실수를 저지른 것이다. 참으로 안타까운 일이었다.

"싸움 한번 제대로 못하고 그놈의 나비 때문에 죽다니…."

전우들의 원망어린 애곡哀哭의 넋두리가 사방에서 들려왔다. 나 역시 '바보 같은 녀석…'을 연거푸 뇌이면서 그의 죽음을 애도했다. 그러다가 얼마 후 그가 마지막으로 내뱉은 말을 곰곰이 되씹어보니 그 병사야말로 누구보다 시심詩心이 풍부했던 문학도가 아니었나하는 생각을 지울 수가 없었다.

나비의 전생은 번데기다. 그는 한여름 내내 지친 몸을 추스르며 고치 속에서 안식을 취한다. 그러나 그곳에서의 안식이 아무리 안락무량安樂無量하다 하더라도 하늘을 마음대로 날아다니는 자유에는 비기지 못하리라.

불현듯 자유가 그리워진 그 병사는 전쟁 놀음에 미친 인간들을 비웃으며 그 나비에 이끌려 애틋한 향수의 나라로 줄달음질쳤던 것이다. 몸은 비록 전쟁이란 사슬에 매어 옴쭉 달싹 못 한다 하더라도 전쟁을 혐오하는 그 마음은, 벌써 두둥실 나비들과 어울려 찬란한 평화의 나라를 향해 비상飛翔하고 있었던 것이다.

이렇듯 이 세상에서 가장 짧은 시, '아… 저 나비!'를 남기고 간 그 병사를 나는 아직도 잊지 못하고 있다. 일찍이 '시의 본질은 발견' 이라고 설파한 영국시인 사무엘 존슨의 말처럼 그는 예상치 못한 '발견'을 통해 새로운 경이와 환희를 맛보게 되었던 것이다.

그렇다. 그 병사는 산새마저 피신해버린 황량荒凉한 전야戰野에 평화의 여신인 양 노랑나비 한 쌍이 너울거리는 것을 보는 순간, 자신 속에 내재한 뜨거운 감동을 발견했던 것이다. 그리하여 그 내면 깊숙이 침잠沈潛한 아련한 추억을 끄집어냈던 것이다.

동구 밖 자드락에 지천으로 피어나는 개나리와 산 벚꽃, 그리고 온통 앞산과 뒷동산을 붉게 물들이는 진달래가 흐드러질 무렵이면, 뒤꼍 장다리 밭에는 수많은 나비 떼가 몰려왔던 것이다. 그래서 옆집 순이와 장다리 밭을 헤집으며 하루 종일 그 나비떼를 좇던 추억이, 그 순간 가슴속 밑바닥으로부터 밀물처럼 밀려왔던 것이다. 따라서 그 병사의 망막에 비친 한 쌍의 노랑나비는 단순한 나비가 아니라 바로 그 순이의 얼굴이 신명하게 오버랩 되어 있었던 것이다.

이렇듯 뜨거운 감동을 주체할 수 없었던 열정과 또 장다리 밭에 얽힌 수줍은 추억을 반추해 보고 싶은 그 마음바탕이야말로, 바로 영혼의 불꽃으로 달구어낸 시심詩心이 아니고 무엇일까.

봄이 물러가는 5월의 길목에 서면 나는 곧잘 그때의 상념들로 가슴이 벅차오른다. '아… 저 나비!' 이 외마디 서사시는 50여 년의 시공을 격隔한 지금까지도 내 가슴 속에서 짜릿한 감동으로 되살아나고 있는 것이다.

이젠 이성을 회복할 때

사람마다 우리 사회가 안고 있는 고질적인 병폐를 개탄한다.

끝없는 권력욕과 황금만능주의에 찌든 이성마비의 인간상人間像을, 그리고 인간성 상실로 인한 인간부재人間不在의 양태를 고발하는 목소리가 그 어느 때보다도 드높다. 돈과 권력만 있으면 안 되는 일이 없다고 여기는 집념, 이 비뚤어진 고정관념을 퇴치하지 않는 한 나라의 미래는 암담할 수밖에 없다고 자탄하는 소리가 사방에서 들려온다.

하지만 이와 같은 우국지사적憂國志士的인 비분강개론悲憤慷慨論도 저 거대한 산업사회의 물결 앞에서는 그저 한줌의 포말로 스러지고 말 것이라 생각하니 안타깝기 그지없다.

이익이 있는 곳엔 탐욕이 따르게 마련이라고 했던가. 이미 상인기질商人氣質이 보편화되어버린 산업사회의 일그러진 풍조 앞에서 과연 어떻게 해야 인간의 선성善性을 회복할 수 있을 것인가를 골똘히 생각해 본다. 굳이 맹자의 성선설性善說을 들먹이지 않더라도 인간의 참 행복은 진선미를 추구하는 삶 속에 깃들어있다고 하였는데, 어찌하여 이토록 엇박자로만 나가고 있는지 안타깝다. 지도자마다 외쳐대는 구호는 그럴 듯하고 거창하다. 사회정의를 구현하여 국리민복에 이바지하겠다는 그 달콤한 꼬드김, 그러나 이것이 한낱 공허한 메아리로 돌아오는 서글픈 현실 앞에서 우리는 과연 그 무엇으로 위안을 삼아야할 것인가.

그 많은 종교인의 기도와 설법도 아스피린 같은 일회성 약효밖에 없는 것일까. '기도 따로 생활 따로, 구호 따로 행동 따로'라고 일갈한 어느 시인의 냉소적인 시구가 떠오른다. 또한 '현대사회에 있어서는 인간의 이기심을 앞지를 수 있는 그 어떤 이념이나 가치관도 존재할 수 없다'고 극언한 어느 윤리학자의 강론도 새삼스러운 의미로 다가온다.

책을 멀리 하고 사념의 세계를 외면하고 있는 현대인의 마음갈피에 그 무슨 이념이나 가치관 따위가 비집고 들어갈 틈이 있겠는가? 사방에서 들려오는 이 자조적自嘲的인 넋두리가 새삼스럽게 내 마음을 옥죄어온다. 정신적 가치에는 둔감해지고 물질적인 욕망에만 과민해져 가는 인간. 그리하여 끝내는 물신주의와 향락퇴폐주의에 함몰해 가는 현대인의 몰골. 이것이 바로 오늘날 우리사회가 안고 있는 '고질적인 병폐'라 함은 그 누구도 부인할 수 없을 것이다.

그렇다면 이와 같은 고질적인 병폐를 치유할 수 있는 방법은 정녕 없는 것일까. 본래 정신개발이니 이성회복이니 하는 문제는 그 어떤 물질발명이나 상품개발보다 더 힘들고 어려운 문제이다. 그 옛날 한 사람의 군자나 현인이 탄생되기까지 우리 선인들은 얼마나 준엄한 자기도야自己陶冶의 과정을 겪어왔는지 되새겨보지 않을 수 없다. 사실 전 생애를 걸고 자기완성의 길을 지향해도 이룰까말까 하는 것이 인격수련의 과정인데, 그저 눈치동냥으로 몇 마디 듣고 익혔다고 해서 올바른 인간상人間像을 정립했다고 할 수는 없기 때문이다.

요즘 온 나라를 발칵 뒤집어놓은 '신정아게이트' 사건을 보고 있노라니 더욱 더 그런 생각이 든다. 어차피 처음부터 가짜 인생길을 작정했던 당사자는 논외로 치더라도 이를 둘러싼 관계 학계 기업계, 심지어는 국정의 최고 책임자까지 나서서 이 희대의 거짓말 합창극合唱劇에 동조하고 말았으니 이것이 될 법이나 한 말인가. 과연 이 나라 지도층 인사들로부터 자기도야의 인격적 향기를 조금이라도 맡을 수 있단 말인가. "신씨 학위는 진짜임을 확인했다. 만일 학위가 가짜로 판명나면 내가 책임을 지겠다."고 호언했던 그 책임자는 어디로 갔으며, 걸핏하면 언론을 상대로 사실 아닌 내용을 보도하면 무고죄로 고소하겠다던 그 공직자는 왜 말이 없는가.

원래 인격을 도야陶冶한다는 뜻의 한자는 가르칠 도陶와 잘

닦을 야冶이다. 그런데 여기서 가르칠 도를 빼고 야冶자만 쓰게 되면 그때는 모양낼 야冶로 뜻이 바뀌어 그저 야하고 천박하다는 의미만을 지니게 된다. 따라서 한 때 유행했던 말 가운데 '야한 것이 좋다'는 말은 그냥 짐승처럼 되고 싶다는 뜻을 은유적으로 표현한 말로써 아주 끔찍한 내용을 담고 있음을 알아야 한다.

이러한 시각으로 볼 때 올바른 가치관 확립을 위한 윤리니 도덕이니 하는 인성교육 문제는 오늘날 도처에서 막강한 위력을 보이고 있는 과학기술연구 못지않게, 전문적인 연구체제부터 갖추어 나가야 할 것이다. 현재와 같은 상식 수준의 교육제도나 일과성 정도의 관심표명으로는 도저히 그 근본적 치유책에 접근할 수가 없을 것이다. 인간만사는 스스로의 마음에서 출발하는 것, 저 거대한 물신物神의 노예로부터 참 인간성을 회복시키기 위해서는 우선 그 물신에 빼앗긴 우리의 얼, 즉 혼魂부터 찾아와야 한다. 이름 하여 이성회복이라고 해도 좋을 것이다. 이성이란 특별히 인간에게만 주어진 신의 선물인데, 왜 우리는 이 귀중한 신의 선물을 내팽개치려고만 하는지 모르겠다.

여름날 해수욕장에 가는 것은 건강증진을 위해 가는 것이지 바다에 빠져 죽기 위해 가는 것은 아니지 않는가. 지금 한창 물욕과 권력욕의 바다에 빠져 허우적거리고 있는 우리는 다시 한번 참삶의 의미를 곱씹어 보아야겠다. 그리하여 보다 아름답고 가치 있는 사회건설을 위해 우리 모두 이성理性 회복에 나서야 하지 않겠는가.

중국 집안輯安에서 되새겨 보는 다물정신

중국 집안현에 있는 국내성은 문자 그대로 황성옛터였다. 기원전 37년에 건국한 고구려가 무려 2백 년 동안이나 온갖 영화를 누렸던 서울이었건만 지금은 어디하나 그 흔적조차 찾아 볼 수가 없다. 압록강 북안北岸으로 이어진 20킬로미터의 아늑한 산촌마을. 북쪽 배면背面으로는 해발 천팔백미터의 환도산丸都山 연봉들이 흡사 병풍처럼 둘러쳐져 있고, 남쪽 앞면으로는 유장하게 흐르는 압록강 물줄기가 유난히도 시원스럽게 내려다보인다.

설사 풍수지리에 대한 상식이 전혀 없는 사람이라 하더라도 이 정도의 산수와 지세地勢를 대하고 보면 능히 천연의 요새요, 명당明堂중의 명당이라는 감탄사를 연발하지 않을 수 없을 것이다. 그러나 여기 웅위雄偉 찬란했던 고구려의 영광이 흔적도 없이 스러져 버린 이 마당에서, 새삼스레 요새니 명당이니 하는 사치스러운 어휘가 그 무슨 소용이 있겠는가.

아마 이곳에서 광개토 대왕비가 발견되지 않았더라면 우리 고구려의 역사는 한낱 신화속의 전설로만 전해져 내려왔을지도 모른다. 그런 관점에서 보면 이 곳 황량한 들판에 외로이 서 있는 이 비석은 우리 민족에게 있어서는 더 없이 소중한 보배라 하지 않을 수 없다. 높이 6.3미터의 응회암에 새겨진 천팔백네 글자의 이 비문이야말로 천육백 년의 세월을 뛰어넘어 그때 그 상황을 웅변으로 입증해 주고 있으니 말이다.

일찍이 고구려의 개국이념은 다물정신多勿精神에서 비롯되었다. 즉 옛 땅을 도로 찾고, 옛날의 영화를 복원하겠다는 뜻을 지닌 이 '다물정신'은 온 백성들로 하여금 웅대하고도 진취적인 기상을 갖게 하였다. 그리하여 만주벌판은 물론 멀리 만리장성일대까지 진출하여 군소 제후들을 복속시켰던 것이다.

이렇듯 대륙세력으로 그 위용을 떨쳤던 고구려는 28대왕인 보장왕 시대를 종말로 705년의 영화를 마감했다. 그 후 고구려의 유민들에 의해 건국한 발해 역시 고구려의 영광을 되찾겠다는 다물정신을 기조基調로 삼았고, 또한 신라를 병탄한 고려 역시 이 다물정신을 개국이념으로 삼았지만 끝내 그 꿈은 이루어지지 못하고 말았다.

예로부터 "계절이 허락하지 않는 한 꽃은 스스로 피어날 수 없다"는 속담이 있는 것처럼 우리에게 허용된 시대상황은 늘 이렇게 움츠러드는 운세밖에 허락되지 않았나 보다.

청나라 유수留守였던 숭실崇實이가 통구지방 시찰 중에 발견(1875)했다는 이 광개토왕비. 이것이 세상에 알려진지도 이미 백이십여 년이 지났지만 우리는 그저 강건너 불을 보듯, 먼발치에서 구경만 하고 있었다. 그도 그럴 것이 그 사실이 알려진 시기는 이미 우리의 민족정기를 말살시키려던 일제의 침략기였고, 또한 해방이후 반세기 동안은 죽의 장막이라 불리던 공산치하에 있었으니 우리로서는 도저히 손써 볼 겨를이 없었을 것이다.

지금 북녘 땅에 있는 선산先山을 바라보며 멀리서 망향제望鄕祭를 올리는 실향민의 심정도 이와 다르지 않을 것이다. 그러나 이제는 사정이 달라졌다. 그 누구나 자유로이 왕래하는 시대가 되었다. 마음만 먹으면 조상의 묘소를 참배하고 가꿀 수 있듯이, 그 얼마든지 잘 가꾸어서 보존할 수도 있을 것이 아닌가.

겨우 그 비석덕분에 찾게 된 몇 기基의 왕릉은 너무나 실망스러웠다. 신라고분新羅古墳이나 백제고분百濟古墳에서 보듯, 거기에도 분명히 대왕총大王塚이나 장군총將軍塚에는 온갖 화려한 부장물이 틀림없이 있었을 것이다. 그런데 가는 곳마다 텅 빈 석관만이 을씨년스런 몰골을 하고 있으니 이 안타까운 심사를 무엇으로 달랠 수 있겠는가.

그래도 다행스러운 것은 그토록 음습한 고분 속에서도 고색

찬연한 벽화가 옛 모습 그대로 남아 있다는 사실이었다. 너무나 감격스러웠다. 마치 천오백 년의 세월을 뚫고 나온 고구려인의 환생還生을 보는 듯했다. 과연 인생은 짧고 예술은 길다는 의미도 새삼스럽게 되뇔 수 있었다.

문명이란 대개 천년주기로 바뀐다고 한다. 이제 우리는 21세기를 맞았으니 조상들이 물려준 다물정신의 참뜻을 다시 한번 되새겨 보아야겠다.

존재하는 모든 것은 세월의 풍화風化속에 다 스러져 버리지만 조상들의 물려준 이 다물정신은 우리 민족의 번성이 멈추지 않는 한 영원히 퇴색되지 않으리라 믿는다.

4부

희망의 등불

문학은 사람에게 희망과 용기와 지혜를 일깨워주는 영의 양식이다. 이 양식을 섭취하면 심성이 정화되고 고양되어 아름다운 삶을 꿈꾸게 된다. 그래서 우리는 문학을 가리켜 희망의 등불이라고 일컫고 있는 것이다.

하지만 문학의 길이란 결코 평탄하거나 안일한 길이 아니다. 어느 시인은 "절망을 부르짖기 위해 시를 쓴다."라고 했듯이 문학인이 가는 길은 곧 고뇌와 아픔을 수반한 형극의 길인 것이다.

지금 우리는 사상 미증유의 경제적 위기에 맞물려 정치적 위기를 맞고 있다. 저마다 깊은 시름 속에서 극한적인 아픔과 고뇌를 겪고 있는 것이다. 몇 년째 계속되는 경제불황으로 2백만이 넘는 실업자가 거리를 메우고 있으며, 난마처럼 얽힌 정치현실이 우리의 마음을 더욱 우울하게 하고 있다.

새삼스럽게 존재의 의미와 삶의 자세에 대해 자문해 보지 않을 수 없다. 인간은 무한을 인식할 수 있는 유한의 존재라고 했는데, 과연 오늘날의 지식인은 이 철리哲理를 얼마만큼이나 터득하고 있는지 궁금하다.

신생 민주국가로 탄생한지도 반세기가 지났다. 그런데 정치권의 현실은 어쩌면 그렇게도 구태의연한가. 집권세력으로 등장한 역대정권과 그 권력 주변의 부침浮沈은 시대적인 배경만 다를 뿐 그 양태는 너무나 흡사하지 않는가.

혹자는 말할 것이다. "그 시대의 정치현실은 민도民度의 수준을 벗어날 수 없다."라고… 물론 원론적인 견지에서 보면 긍정적인 측면이 없는 것은 아니다. 그러나 일리는 있을지언정 전적으로 긍정할 수는 없다. 왜냐하면 진정한 정치지도자는 모든 국민의 의지와 능력을 국가목표에 결집시켜, 어제보다 나은 미래를 향해 주도적인 역할을 해 나가야 하기 때문이다.

"나는 백성들을 불행과 고통 속에 빠뜨리는 정치인의 실책을 증오한다." 이것은 저 유명한 독일의 대 시인 괴테의 말이다. 시인의 심안心眼에 비추어진 당시의 정치양태가 얼마나 실망스러웠으면 이렇게 외쳤을까.

오늘날 우리 한국의 문학인들도 한번쯤 곰곰이 되새겨 볼 말이라 하지 않을 수 없다. 모름지기 정치의 목적이 '선을 행하기는 쉬워도 악을 행하기는 어려운 사회를 만드는데 있는 것'

이라면, 궁극적으로 우리 문학이 추구하는 이상과 다를 것이 없지 않은가.

인간의 심성을 정화하고 미화하고 상승시키는 기능을 문학의 본령이라고 할 때, 우리는 그 어느 때보다도 촉각을 곤두세우고 눈을 크게 떠서 사회현실을 직시해야 할 것이다. 지금 우리는 사회 구석구석에서 들려오는 인간성 상실의 비명소리를 가슴 저미는 심정으로 듣고 있다. 이 애절한 절규에 대답할 자, 정녕 우리 문학인말고 또 누가 있단 말인가.

이제 우리의 문학현실은 화조풍월花鳥風月만을 노래할 수 없는 각박한 현실문제에 봉착하고 말았다. 정신적 퇴폐가 몰고 온 어지러운 사회를, 정의와 양심이 지배하는 건전한 사회로 변모시키기 위해서는 우리 모두 깊은 관심을 기울여 나가야 하겠다. 특히 서정성과 비평성을 동시에 포괄하고 있는 수필 장르에서는 이러한 사회비평성 중수필도 많이 나와야 할 것으로 믿는다. 달리 비유하면 향기 짙은 글도 중요하지만 영양가(?) 있는 글, 즉 메시지가 있는 글이 더 절실하게 요구되고 있는 시점이라 하겠다.

그러기 위해서는 먼저 수필가 자신이 확고한 철학과 투철한 사상적 바탕 위에 서 있어야 할 것이다. 수필을 가리켜 자신이 체험한 사실을 자기의 철학과 사상으로 용해시켜 감성의 미학으로 형상화한 글이라고 한다면, 우리는 마땅히 한편의 수필 속에 자신의 철학과 사상을 명확하게 제시해야 할 것이다.

이제는 문장마다 미사여구美辭麗句로 포장하던 미문美文의 시대는 지나갔다. 간결하고 평이한 글로, 정밀하고 솔직하게 표현하되, 거기에는 작가의 사상이 녹아 흐르는 감동의 메시지가 있어야 한다. 감동이 없는 글은 문학이 아니라고 하듯이, 메시지가 없는 수필은 수필이 아니라고 할 수도 있기 때문이다.

또한 문학은 현실의 모순을 수용하면서 그 모순을 극복하는 의지와 희망을 제시하는 안내역이라고도 한다. 이것은 바로 이 암울한 시대를 살아가는 우리 문학인의 사명이라고도 할 수 있다. 2차 대전의 희생양이 된 안네 프랑코는 네덜란드의 한 가정집 다락에 숨어 3년여를 살았다. 하지만 그는 결코 생리적인 수명으로 산 것이 아니라 오직 희망으로 버텼다고 하지 않았던가.

지금 우리 사회는 국내외적으로 매우 어려운 처지에 놓여 있다. 날마다 터져 나오는 소식들 속에는 밝은 이야기라고는 거의 없다. 그러나 아무리 어렵고 힘들더라도 희망을 포기하지 않는 한 우리는 새로 일어설 수 있다. 안네 프랑코가 절망 속에서도 희망을 지켰듯이 우리 역시 이 난국을 극복할 의지와 희망을 잃지 말아야 하겠다.

그리하여 이 사회에 희망의 등불이 꺼지지 않도록 우리 문학가족들은 스스로 불침번 역할을 담당해야 하겠다. 이것이 곧 아름다운 사회건설을 지향하는 우리 문학인들의 사명이 아니겠는가.

나목의 의지

이제 거추장스러운 것들은 다 벗어 버려야 할 때/ 싱그럽던 날의 합창도 불이 일던 가슴도/ 저렇듯 바람에 여위어 가는 것은/ 한 가닥 가느다란 기도 때문일까/… 한때는 황금의 지폐도 떨구고 가더니/ 은빛 목청에 젖은 하늘을/ 한줄기 강물로 풀어 내린다./ 아픈 꿈도 휘몰아/ 모두들 분주히 돌아서는 계절에/ 홀로 먼 회춘의 바람소리를 맞으려 하느냐.

이것은 J시인의 〈나목에게〉라는 시인데, 푸르고 싱싱했던 나무들도 때가오면 몰락하고 마는 계절의 영고성쇠를 실감하게 한다. 초겨울의 영상이 망막 속에 펼쳐진다. 고속도로 주변이나 먼 산야의 정경을 입체감 있게 조화시켜 주는 잡목들… 이것을 보고 있으면 한때 싱그럽던 녹음과 만산홍엽의 절경을 이루던 만추의 계절이 새삼스러운 아쉬움으로 되살아난다. 그야말로 모든 것을 다 벗어버리고 서리 묻은 가지를 움츠리고 있는 모습은 참으로 애잔하기만 하다.

아무렇게나 펼쳐진 시골의 들판과 산자락에 앙상한 모습으로 서있는 미루나무와 사시나무 등의 활엽수를 바라본다. 매서운 추위 속에서 파르르 떨고 있는 저들의 모습을 보고 있노라니, 문득 모진 신산인고辛酸忍苦는 우리 인간에게만 있는 것이 아니라는 생각이 든다. 나는 늘 자르고 뽑아도 무성하게 자라는 잡초의 끈질긴 생명력을 동경했었다. 하지만 영하의 혹한 속에서도 저렇듯 실오라기 하나 걸치지 않은 나목裸木을 보고 나서는, 그것이 비록 감성이 없는 식물이라 할지라도 짜릿한 연민의 정을 금하지 못하고 있다.

한때 푸른 지폐로 투자했던 사업이 몰락하여, 하루아침에 빈털터리 신세가 된 실의의 인생을 연상시키기도 한다. 이것은 융성과 번영보다는 쇠잔衰殘과 몰락에 대한 연민의 정을 자아내게 하는 계절의 감각 탓인지도 모르겠다. 뜰 앞에는 한 잎 두 잎 떨어지는 낙엽의 선율이 상실의 아픔으로 다가온다. 이러한 분위기에 젖다 보니 갑자기 못 견디게 아쉬운 충동이 일어 시름없이 교외로 발걸음을 옮겨본다. 긴 논둑길이나 신작로 양 녘에는 말라비틀어진 코스모스의 잔해가 유난히 가련한 모습으로 눈에 띄고, 아직도 낙엽이 쌓인 구석진 토담 모서리에는 노란 미소를 머금은 야생 황국이 그의 독특한 오상고절

傲霜孤節을 자랑하고 있다. 갈 곳을 잃은 풀벌레들도 이제는 힘이 다한 듯 메마른 잡초 속을 맥없이 기어다니고 있다.

설렁한 들길을 걷는 나그네의 발걸음에서 초동의 애상이 듬뿍 묻어난다. 산 마을 뒤 곁으로 이어진 후미진 골짜기에는 드문드문 다갈색 빛깔 속에 드러난 푸른 솔잎들이 더욱 싱싱한 모습으로 맞아준다. 다같이 푸를 때는 그 진면목을 미처 몰랐었다. 그런데, 서리가 오고 눈이 내리는 겨울철이 올 때면 비로소 독야청청의 높은 절개를 감탄하게 된다. 하지만 오늘따라 내 마음은 저 산등성이에서 떨고 있는 나목에 대해 더 정감이 쏠리고 있다. 푸른 하늘을 배경으로 마치 은빛 목청이라도 뽑듯, 앙상한 가지 끝을 떨고 있는 나무들의 입상立像이 새삼스럽게 내 마음을 사로잡고 있음은 무슨 까닭일까.

돌이켜 보면 벌써 십여 년 전의 일이다. 공직생활만 해온 나는 아무런 경험도 없이 사업에 손을 댔다가 실패한 일이 있었다. 매사를 긍정적으로만 생각하고, 또 남을 잘 믿는 어리석음 때문에 겪은 곤욕은 정말 다시 돌이켜 생각하고 싶지 않은 사건이었다. 그것도 내 밑천으로만 한 것은 아니라, 주위의 가까운 친구들을 권유해서 투자한 것이 그처럼 참담한 실패로 끝났으니 말이다. 그러니 나의 한 평생을 통해 쌓아올린 공든 탑이 일시에 무너져버린 상황 속에서 치르게 된 나의 좌절과 공허감은 그 무엇에도 비길 수가 없었다.

그때는 바로 늦가을이었던지라, 가을이 주는 애상의 이미지는 이렇듯 나의 마음을 너무나 울적하게 해 주었다. 마치 푸르름이 무성했던 성하盛夏의 계절이 일시에 몰락하고, 낙목한천落木寒天에 빈손만 뻗고 있는 저 가련한 나목의 모습이 바로 나 자신이었기 때문이다.

그러나 인간의 영고성쇠는 자연의 순환법칙 속에서 영원히 반복되는 것, 한때의 실패 때문에 그대로 주저앉을 수는 없는 일이었다. 가진 것이 없어야 마음이 편하다는 진리도 그 때 비로소 깨닫게 되었던 것 같다. 양손에 움켜쥐고 있던 모든 것을 놓고 보니 차츰 마음의 문이 열리기 시작했다. 가령 자기가 알고 있는 지식을 한데 모아놓고 원을 그렸을 때, 원 안에 있는 것은 아는 것이지만 원 밖에 있는 것은 모르는 것이 된다. 그렇게 보면 아는 것보다 모르는 것이 더 많은 것이 인간의 진면목이라 할 수 있다. 물질도 마찬가지이다. 손에 움켜쥔 조그만 것에 연연하다보면 더 큰 것을 보지 못하게 된다. 쥐고 있던 조그만 것을 놓아버리면 더 큰 것을 볼 수 있는 안목이 트여지게 되니, 이 어찌 손해라고만 하겠는가.

사람은 대개 잘난 멋에 산다고 한다. 잘난 멋은, 곧 교만이고 또 바람이다. 바람이 꺼져야 본모습을 볼 수 있듯이 우리가 갖고 있는 지식이나 물질이라는 것도 그것을 버려야만 진면목이 나타나게 되는 것이다. 여기서 진면목이라 함은 겸손과 인내를 일컫는다. 겸손은 자기의 모자람을 인정하고 하늘과 땅과 이웃의 소중함을 일깨워 준다. 그리고 지금은 아무것도 가진 게 없더라도 새 날의 소망을 위해 인내하는 슬기도 깨닫게 된다. 즉 앙상한 나무 가지에서 새 움을 틔울 회춘의 계절을 꿈꾸게 하는 것이다. 그것이 곧 나목의 의지가 아닐까.

그러고 보면, 모든 사물에는 의미를 부여하기 나름인가 보다.

나는 저 앙상한 나무 가지를 통해, 좌절과 공허와 배신과 고독의 의미를 곱씹기도 했지만 여기서 한발 물러서서는, 다시 잎과 꽃을 피울 무성한 날의 꿈도 그릴 수 있었던 것이다. 버쩍 말라죽은 가지 속에서 더욱 싱싱한 생명의 줄기를 뿜어내고 있는 강인한 소생의 의지를 배우고 있는 것이다.

비록 가혹한 시련과 역경이 나를 괴롭힌다 하더라도 저 나목처럼 회춘의 꿈을 안고 묵묵히 인동忍冬할 것을 다짐해 본다.

천황모독죄

2001년이 저물어가던 지난 12월 24일 일왕日王 아끼히도는 '일본 황족의 혈통에는 백제인의 피가 흐르고 있다'는 발언을 하여 내외에 큰 파문을 일으킨 바 있다. 즉 일본 50대 왕인 간무천황(재위 781-806)의 생모生母가 백제 25대 왕인 무령왕(재위 501-523)의 자손이라는 사실을, 일본의 국가상징인 천황의 입을 통해 공식으로 확인함으로써 고대 한국과의 긴밀했던 인연을 처음으로 인정하게 된 것이다.

참으로 오랜만에 참말을 듣는 기분이었다. 하지만 그것은 몰랐던 사실이 새롭게 드러난 것은 아니었다. 15세기 전의 역사기록을 이제 겨우 확인해 준 것 뿐이다. 그러고 보니 그토록 끈질기게 역사왜곡을 하면서 감추어오던 사실을 왜, 이 시점에서 발설하느냐 하는 저의가 궁금해진다. 아울러 이와 같은 일왕의 혈통문제로 인해 질곡의 세월을 헤쳐 나온 나에게는 남다른 감회가 밀려온다.

그 옛날 종교재판에서 지동설을 주창했던 갈리레오에 대해 유죄판결을 내렸지만 지구는 계속 돌고 있다고 했듯이, 고대 일본의 문화가 한국으로부터 전승되었고 그 지배층이 우리 조상의 혈통이라는 것을 알 사람은 다 알고 있지 않는가. 그런데 저들은 왜 지금까지 진실을 외면한 채 그것을 극구 부정해 왔을까…. 또 저들이 이와 같은 사실을 부정하고 진실을 왜곡하려는 계략 때문에 희생된 사람들은 그 어디에서 보상을 받아야 하는가?

지금으로부터 꼭 60년 전의 일이었다. 1942년 여름 고향인 평창에서 농사에 종사하고 있던 나의 선친은 느닷없이 일경에 체포되어 함흥형무소로 압송되어 갔다. 이유인즉 '천황모독죄'라는 것이었다. 당시 초등학교 4학년이었던 나는 그 깊은 내막은 알 수 없었다. 하지만 아버지가 '천황을 모독하고 유언비어를 유포했다'는 어마어마한 죄목 때문에 나는 늘 얼굴을 들 수 없을 정도로 주눅 들어 지내야만 했다.

그때는 마침 일제가 태평양전쟁을 일으킨 지 얼마 되지 않은 전시戰時였기 때문에 그들의 철권정치는 극에 달해 있던 시절이었다. 그렇게 온 나라 안이 뒤숭숭하던 그때, 선친은 친구들과 어울린 술자리에서 종횡무진 시국담을 주고받던 중 '천황은 조선사람'이라는 말을 했다는 것이다. 즉 백제의 왕손이 일본에 건너가 천황이 되었는데, 황궁안에서는 백제 조상을 모셔놓고 제사까지 지내고 있으므로 그는 우리 조선 사람임에 틀림없다는 말을 했다는 것이다.

여기에 동석했던 사람 중에 경찰의 밀정이 있었음을 어찌 알았으랴? 이 하찮은 주석방담酒席放談은 즉시 경찰에 보고되었고, 경찰에서는 은밀히 검사의 지휘를 받아 전격적으로 함흥형무소에 수감하였던 것이다. 그 당시 함흥재판소는 주로 독립운동 사건을 전담했던 곳이어서 선친은 졸지에 독립운동가(?)로 둔갑되어 있었던 것이다. 마치 저 25시의 주인공처럼….

그 후 선친은 무려 1년간이나 고문 조사를 받은 끝에 독립운동 조직과는 관계없이 단순한 '천황모독죄 만 적용되어 집행유예 처분을 받고 풀려났다. 다행히 한학자였던 조부께서 작고하신 후라서 모든 말의 출처는 할아버지한테 일임할 수 있어서 쉽게 처리되었던 것이다.

이렇듯 천황은 '조선사람'이라는 말이 '천황모독죄'에 해당되었다면, 이번 일왕日王이 밝힌 '천황의 백제인 혈통론'은 바로 그런 모든 것을 완전히 뒤집는 발언이 아니겠는가. 바른 말을 하고도 벌을 받았으니 그 재판은 마땅히 무효이며, 이에 따르는 응분의 보상도 해야 할 것이 아니겠는가.

이와 같이 진실은 예나 지금이나 변함이 없건만 그 진실을 인식으로 수용受容하는 데는 무척 많은 시간이 소요되는 모양이다. 저 로마시대의 암흑기에, 코페르니쿠스와 부르노와 갈릴레오가 종교재판에 회부되었던 것처럼, 아버지 역시 바른 말을 하고도 죄인의 누명을 써야했으니, 그 분하고 억울함을 어디에 다 호소하겠는가.

진실과 인식 사이의 시간거리時間距離는 일정한 한계가 없는 것 같다. 코페르니쿠스의 지동설이 한 세기의 시간거리를 거쳐 진리의 횃불을 밝힌데 반하여 저 일본황실의 혈통론은 무려 15세기가 지난 후에야 겨우 이 정도의 실토를 받아냈으니 말이다.

사람은 자신의 인식認識 속에서만 진실을 진실이라 믿는다. 해가 동쪽에서 떠서 서쪽으로 진다는 인식에만 길들여진 사람은 좀처럼 지구의 자전과 공전을 믿으려 하지 않는다. 거리 시간에 관계없이 육안으로 감지되는 사실만을 인식으로 받아들이고 있기 때문이다. 일찍이 데카르트가 설파한 '나는 생각한다. 고로 존재한다'라는 말도 따지고 보면 인식이 전제되지 않는 한 존재의 진실도 인정할 수 없다는 말이라 할 수 있다. 자신이 설정한 인식의 틀에 도전하는 외부 이론에 대해서는 무조건적으로 저항하는 인간의 속성, 이것이 곧 인류비극의 씨앗인지도 모르겠다.

오늘날 종교전쟁으로 불리고 있는 테러사건들도 결국 이 범주에서 벗어날 수 없으니 말이다. 같은 방향, 같은 속도로 달리는 두 열차 속의 승객이 서로 창문을 열어놓고 '이 열차는 정지해 있다'라고 주장한다면 어떻게 될까? 물론 열차 안에 있는 승객은 그렇게 긍정할 수도 있겠지만 열차 밖에서 이를 바라보고 있는 사람의 입장에서는 전혀 다르지 않은가. 실체적 진실을 인식으로 수용하려면 객관화의 장치가 필요하다. 자기의 주장만을 앞세우기 전에 역지사지易地思之의 마음으로 남의 의견에도 관심을 기울여야 할 것이다. 얄팍한 지력知力에 의지하여 아집에만 빠진다면 이는 곧 저 일본의 국수주의자들과 무엇이 다르단 말인가.

지금 우리는 지구 밖을 유영하는 4차원 시대에 살고 있다. 뉴턴에 의해 개안開眼된 3차원 세계가 아니라 아인슈타인의 상대성 원리에 입각한 4차원 세계에 살고 있는 것이다. 따라서 지구상의 시간 거리와 우주공간에서의 시간 거리가 같을 수는 없다. 머지않아 우리는 월성과 목성에도 여행을 하며 미지의 시공時空을 넘나들게 될 것이다. 그럴 때 우리는 지구상의 사고, 즉 고정관념에 의한 편견에 집착하여 더 넓은 세계를 깨닫지 못하는 우愚는 범하지 말아야 하겠다.

태양과 지구간의 거리와, 태양과 목성간의 거리의 비는 1대 7이며, 목성에서의 1년은 지구에서 11년의 시간에 해당한다고 한다. 그러니 목성에 가서 3년만 살다 오면, 지구상에서 33년을 산 시간과 같다는 논리가 성립된다. 따라서 오래오래 젊어있고 싶은 사람은 마땅히 목성으로 이주해야 하지 않을까…….

하도 오랜만에 일왕의 이색 고백을 접하고 보니 새삼스럽게 새로운 심안心眼이 열리는 것 같다. 선친의 억울한 삶에 대한 보복심리에 앞서 더 먼 미래안未來眼으로 세상을 보아야겠다는 생각이 간절하다. 진실과 인식간의 시공을 넘나들면서…….

친구는 인생人生의 자본

사업을 새로 일으키려는 사람은 제일 먼저 고려할 요소가 자본이다. 자기자본이든 타인자본이든 자본이 넉넉하면 그 사업을 속성速性으로 번창시킬 수 있지만 그와 반대로 자본력이 열세하면 그 기업은 결코 성장할 수가 없기 때문이다.

인생도 마찬가지이다.

부푼 꿈과 의욕에 찬 인생, 값지고 보람 있는 인생을 영위하려는 사람은 우선 튼튼한 자본을 확보해야 한다. 아무리 찬란한 꿈과 불퇴전의 의욕을 불사르고 있는 사람이라도 자기가 동원할 자본력이 없으면 결코 성공적인 인생을 영위할 수가 없다.

그러면 인생의 자본이란 무엇인가. 그것은 두말할 나위 없이 지식과 친구라 할 것이다. 그것은 도둑을 맞거나 파산을 당해도 빼앗기거나 소멸되지 않으며, 참된 우정은 〈두사람의 신체에 사는 하나의 영혼〉이라고 표현한 아리스토텔레스의 말과 같이 한 사람의 몫을 두 사람이 맡는 격이 되기 때문에 무슨 일이든 수월하게 처리할 수 있다. 따라서 남보다 월등한 지식을 가진 사람이나, 남보다 좋은 친구를 가진 사람은 분명히 남보다 훌륭한 인생을 영위할 수가 있는 것이다.

나와 두터운 교분을 맺고 있는 문우文友중에 K교수라는 분이 있다. 우연한 기회에 그의 인생고백을 들은 일이 있는데 그 사연이 너무나 감동적이었다.

그는 일찍이 불우한 환경에서 자라났지만 두뇌는 명석하여 공부를 잘 했다.

그러나 남달리 정의감이 강했던 그는 불의를 보고는 참지 못하는 성격 때문에 자주 학생들과 충돌사건을 일으켰다. 그런 연유로 고등학교를 중퇴한 그는 그야말로 자의반 타의반으로 조기에 군에 입대했다.

군대는 과연 인생의 도장이라고 일컬을 만했다.

뜻하지 않게 나이 어린 병사가 된 그는 거친 성격도 누그러지고 엄한 질서 속에 잘 적응해 갔다.

그도 그럴것이 그때 그에게 강하게 영향을 준 사람은 C라는 전우였다. 독실한 기독교가정에서 자란 그는 매사를 긍정적으로 사고하고 모든 질서에 순응하는 모범 병사였다.

극과 극의 대조적인 성격의 소유자였던 K와 C. 그들은 3년

여의 군대생활을 하는동안에 참으로 형제지간의 정의보다 더 가까운 친구로 변모하였다. 아니 관포지교나 문경지교가 무색할 정도로 아름답고 갸륵했다.

그리하여 제대한 후 C에게 이끌려 간 K는 아무런 저항 없이 신학대학에 진학하게 되었으며 거기서 새로운 인생을 준비하게 되었다. 말 그대로 야생마 같았던 그가 순한 양으로 완전히 탈바꿈한 것이다.

그후 비교적 순탄한 길을 걸어 지금은 어엿한 교수로, 목사로 또는 중진 문학가로 활동하고 있다.

만약 그때 그 친구를 만나지 않았더라면 아직도 그 거친 성품을 치유하지 못한 채 정 반대의 인생길에서 헤매고 있을지도 모를 일이라고 서슴없이 말하고 있는 그는. C라는 그의 전우가 더없이 고맙기만 하다고 술회하고 있었다.

일찍이 관중管仲이 '나를 낳아준 이는 부모님이지만 나를 알아 준 이는 포숙아鮑叔牙이다.'라고 설파했듯이 K교수에게 있어서의 C라는 전우는 포숙아 이상으로 K의 능력을 인정하고 그의 성품을 이해해 주었던 것이다.

이렇듯 참된 친구지간이란 그들 각자가 지니고 있는 지식이나 특기에 못지않게 실로 그 인생의 진로를 바꾸워 놓는 지대한 영향력을 갖게 되는 것이다.

이런 관점에서 볼 때 지금 군에 복무하고 있는 장병들은 그 누구보다도, 또한 그 어느 때보다도 친구를 사귈 수 있는 좋은 조건을 갖추고 있다 하겠다.

옛부터 우리 조상들은 한솥의 밥을 먹는 사람들을 〈한식구〉라 칭했고, 한 식구 이상으로 가까운 인간관계는 없다고 여겨왔다. 비록 자원해서 입대하지 않았다 하더라도 가정같은 병영, 가족같은 전우관계를 유지하고 있는 장병들은 이곳에서의 인간관계를 보다 창조적으로 보다 미래지향적으로 승화시켜 문자 그대로 끈끈한 정감으로 결속되는 한식구가 되어보자.

진정한 의미에서의 인생의 자본은 친구밖에 없다는 것을 우리의 삶 속에서 실증토록 해 보자.

후회의 미학

어느 초등학교 입학식 날이었다. 담임선생님이 자모들을 모아놓고 설문지를 돌렸다. "지금 새로 입학한 당신의 자녀가 장차 어떤 사람이 되기를 원하십니까?"라는 물음에 솔직하게 답을 써달라는 것이었다.

이런 설문에 대해 거의 모든 자모들은 의사 법관 학자 기술자 등의 구체적인 인물상을 열거하였지만 그 중 한 자모는 "저의 아들은 무슨 일을 하든지 후회를 하지 않는 삶을 살아가는 사람이 되었으면 좋겠습니다."라고 하였다. 너무나 뜻밖의 답에 감동을 받게 된 선생님은 그 자모를 학급 자문위원으로 위촉하고 아동지도의 '상담교사'로 모셨다는 이야기다.

사람은 누구나 다 후회 없는 삶을 살아가기를 소망한다. 그러나 후회 없는 삶이란 아무나 손쉽게 얻어지는 것은 아니다.

의사나 법관이 되는 것은 그 부문의 공부만 집중적으로 하면 가능하지만 인격의 수양이나 자신의 한계를 분별하는 일은 학문전공보다 더 어렵다. 또 인간 그 자체가 불완전한 존재이고 보면 모두가 다 뜻한다고 이룩되는 것이 아니다. 결국 성공과 실패의 연속선상에서 일희일비一喜一悲를 곱씹으며 살아가는 것이 인생이기 때문이다.

그래서 옛 선현先賢들의 말씀가운데는 우리로 하여금 미리미리 후회 없는 삶을 살아가도록 계율戒律하는 명구들이 많다. 저 유명한 주자십회朱子十悔를 비롯하여 철인, 문호들의 참회록 등은 아직 인생 초반에 있는 젊은이들이나 인생황혼기에 접어든 노년에 이르기까지, 우리 모두에게 절절한 교훈이 되고 있는 것이다.

무슨 일이든 그 초기단계에서 빚어지는 단순한 실패와 후회는 그 자체가 하나의 교훈이 되어 보다 큰 불행을 예방할 수도 있다. 하지만 때로는 영영 돌이킬 수 없는 후회를 저질러 인생을 파국의 구렁텅이로 밀어 넣는 사람을 보게 되는데, 이럴 경우는 참으로 안쓰러운 연민의 정을 금할 수 없다. 그래서 아무리 일세를 풍미했던 권문세도가라 하더라도 이름 없는 시골 나무꾼 신세를 부러워하는 경우가 있게 된다.

옛날 진나라의 재상 이사李斯는 천하의 대권을 잡아 영화의 극치를 누렸던 인물이다. 그런데 그가 정적에게 잡혀 형장의 이슬로 사라질 때에는 몹시 애통해 하는 자식들에게 다음과 같은 후회의 말을 남겼다는 것이다.

"내 일찍이 시골에 묻혀 누렁이 개黃狗와 더불어 사냥이나 하고 살았더라면 오늘 이런 참변은 면했을 텐데, 결국 내 욕심이 나를 망쳤구나. 그러니 너희들만은 절대로 이 아비의 전철을 밟지 말기 바란다."

이와 같은 이사의 황구지탄黃狗之嘆은 오늘날까지도 후회의 대명사로 남아 널리 세간에 회자膾炙되고 있다. 그런데도 불구하고 요즈음 우리 주변에는 이런 황구지탄을 읊조리며 "내 욕심이 나를 망쳤구나." 하고 후회의 눈물을 뿌리는 사람들을 너무나 많이 보고 있다.

여기서 우리는 단순한 실패에 따른 후회보다는 또 다른 차원의 인생의 근본 문제를 생각하게 된다. 즉 '자신의 이득만을 탐하는 자는 반드시 화를 입게 된다.'는 탐리필화貪利必禍의 교훈을 깨닫게 되는 것이다.

톨스토이의 명작 〈부활〉은 자신의 순간적인 실수로 저질러진 한 여인의 파국 앞에서, 그에게 보상하려고 안간힘을 쓰는 남자 주인공 '네플류도프'의 진정한 후회를 그리고 있다. 참된 후회란 확고한 뉘우침을 뜻하며, 진정한 뉘우침은 자신이 저지른 허물을 통해 착한 마음을 회생回生시키는 개과천선改過遷善을 의미한다. 따라서 톨스토이의 〈부활〉은 곧 후회의 미학美學이라 해도 좋을 것이다.

따라서 우리는 일상에서 겪게 되는 모든 실패담을 단순한 후회로만 치부해서는 아니 된다. 그것을 미래지향적인 의지에 접목시켜 다시는 그런 우愚를 범하지 않도록 굳건한 다짐을 해야 한다. 그래야만 진정으로 후회 없는 인생을 영위할 수가 있기 때문이다.

우리가 학문을 익혀 교양을 쌓고 인격을 도야하는 일도 따지고 보면 후회 없는 인생을 살아가기 위한 예비방편이라 할 수 있다. 일찍이 프랑스의 문호 스탕달이 설파한 명언 중에, '세상에서 가장 훌륭한 교육은 후회를 가르치는 것'이라고 한 말도 바로 이와 맥을 같이하는 것이라 하겠다.

후회를 배워 다시는 후회를 남기지 않는 삶을 영위한다는 것, 이것은 곧 역사를 배우는 소이이며, 특히 우리 후진들에게는 금과옥조와도 같은 계훈율戒訓律이라 해야 할 것이다.

그동안 우리는 도착倒錯된 가치관에 매달려 맹목적으로 달려 왔다. 돈만 있으면 무조건 잘 사는 것으로 생각했고, 남을 밀치고라도 윗자리에만 올라가면 무조건 출세영달이라고 믿어왔다. 그러나 세월의 이끼 속에 파묻혀 있던 진리가 제 모습을 찾게 되는 날 그간에 꿈꾸어왔던 허황된 영화는 한 낱 후회와 탄식만을 몰고 오지 않았던가.

물질위주의 사회발전은 끝내 환경오염까지 심화시켜 인류의 생활터전마저 위협하고 있다. 또 무분별한 출세주의는 그 인간을 오히려 파멸의 낭떠러지로 추락시키고 있다. 이러한 오늘의 현실을 직시하고 있는 우리는 이제라도 다시는 되풀이

하지 않을 참 후회를 배워 새로운 가치관을 정립해 나가야 하겠다.

저 초등학생 어머니의 소박한 꿈이 우리 모두의 꿈으로 승화되었으면 얼마나 좋을까. 그리하여 그들이 이 나라의 주인공이 되는 훗날에는 이러한 후회의 미학을 익혀 다시는 같은 후회를 되풀이하지 않는 성숙한 세상이 되기를 소망해 본다.

칭찬은 인격의 향기다

우리나라 사람은 서구인에 비해 남을 칭찬하는 일에 인색하다고 한다.

조그만 일에도 땡큐, 원더풀을 입에 달고 사는 저들에 비해 감사나 감동의 뜻을 제대로 나타낼 줄 모르는 우리는 대인관계에서 적잖이 손해를 보고 있다는 것이다. "칭찬해서 뺨맞는 법 없다"는 말은 즐겨 쓰면서도 실제 생활에 이를 적용하지 못하고 있음이 안타깝다.

예로부터 사단도덕설四端道德說을 신봉해 온 우리는 항상 겸손과 사양지심辭讓之心을 으뜸가는 덕목으로 삼아왔는데도 말이다. 남과 더불어 화합하면서 살아가려면 자기주장에 앞서 늘 남을 인정하고 칭찬하는 습관부터 길러야 한다. 남으로부터 대접을 받고 싶으면 먼저 남을 대접하라는 성서의 말씀도 이와 맥을 같이 하는 것이라 할 수 있다.

칭찬의 반대는 질책이다. 학교에서 학생을 훈육하거나 가정에서 자녀를 가르칠 때는 칭찬과 질책을 병행해야 소기의 교육 성과를 거둘 수 있다고 한다. 그야말로 당근과 채찍을 적절히 구사해야 하는 말馬의 조련법과도 같은 이치라 하겠다.

나의 문우 CJ여사의 경우는 자녀 양육법이 남달랐다. 그는 일남 일녀의 자녀를 속칭 일류대학에, 그것도 특별장학생으로 입학시켰음에도 매질은 고사하고 야단 한번 치지 않았다고 한다. 정규수업과 입시준비에 골몰한 아이들에게는 꾸짖음보다 칭찬이라는 보약이 더 효과적이라는 것을 간파했기 때문이다. 그는 매일 같이 칭찬거리를 찾아 도시락 편지에 한마디씩을 써넣었단다. 초등학교 시절부터 쓰기 시작한 그 편지는, 십여 년을 지속하는 동안 자녀들로 하여금 어머니의 속 깊은 사랑을 느끼면서 마음껏 꿈의 나래를 펴게 하였던 것이다. 이런 분위기 속에서 자라다보니 아이들은 긍정적인 사고와 친화적인 태도를 갖게 되어 늘 남으로부터 두터운 신뢰와 인정을 받게 되었단다. 그리고 또 진취적인 기상과 자아성취의 욕구도 건전하게 발전되면서 바르고 의로운 인간으로 성장해가고 있다는 것이다.

"바보도 칭찬하면 쓸모 있는 사람이 된다."는 속담은 매우 의미 깊은 말이다. 톨스토이는 유년시절에 별다른 재능이 발견되지 않았다. 성장하면서 진로를 정하지 못해 방황하고 있을 무렵에 이모가 찾아왔다. 우연히 그의 일기장을 보게 된 이모는 "너는 글 쓰는 재능이 있는 듯하니 그 방향으로 노력하면 장차 훌륭한 작가가 될 수 있을 것이다"라는 덕담을 남기고 갔다고 한다. 그 때부터 소년 톨스토이는 작가의 꿈을 안고 열심히 공부하여 끝내 세계적인 대 문호가 되었다는 것이다. "칭찬이란 곧 창조적인 에너지"임을 입증한 산 실례라 하겠다.

어찌 톨스토이의 경우뿐이겠는가. 대개 큰 인물들의 배후에는 이렇듯 유년시절의 칭찬이 무형의 자극제가 되어 큰 결실로 연결되었음을 우리는 잘 알고 있다.

그러고 보면 오늘날 우리 사회에 번지고 있는 세대간의 갈등도, 서로서로 칭찬할 줄 모르는 풍토에서 빚어진 부산물이라고 할 수 있다. 즉 구세대는 신세대의 참신성과 진취적인 기상을 칭찬하고, 신세대는 구세대에 대해, 무無에서 유有를 창출해 낸 고난극복의 공로를 인정하는 분위기가 조성된다면 이토록 극단적인 대립현상은 만들어지지 않았을 것이 아닌가 하는 생각도 해본다.

남을 칭찬하려면 먼저 상대에 대한 칭찬거리를 찾아야 한다. 상대의 장점을 찾다보면 그의 내면세계도 폭넓게 이해하게 됨으로 절로 친밀감도 쌓이게 된다. 이것은 비단 개인과 개인간의 관계만이 아니다. 집단이나 사회나 국제 관계에서도 마찬가지라 할 것이다. 병법에서도 "싸우지 않고 이기는 것이

상지상책"이라고 하였거늘, 아무데서나 총부리부터 겨누는 오늘날의 세태는 참으로 개탄스럽기만 하다. 자신의 주장을 강요하기에 앞서 상대의 입장을 이해하려는 노력을, 또 상대의 단점을 비판하기에 앞서 그의 장점부터 파악하려는 아량을 베풀 수만 있다면 얼마나 좋겠는가.

칭찬하는 사람에게서는 인격의 향기가 풍겨 나온다. 참으로 귀한 향기는 코로 맡는 것이 아니라 마음으로 맡는다고 하지 않았던가. 우리 모두 마음의 문을 활짝 열고 서로서로 칭찬의 향기에 취할 수 있는 세상을 만들어 보면 어떨까…….

생의 종장을 생각하며

언젠가 한국을 방문했던 일본작가 M교수로부터 들었던 이야기가 새삼스럽게 떠오른다. M교수는 어학의 천재라고 할 만큼 7개 국어를 자유자재로 구사하면서 세계를 이웃집 드나들듯이 누비고 다니는 석학이다.

그가 지난 해 여름 만년설로 뒤덮인 티베트 고원에 다녀와서는 그 장엄하고도 눈부신 광경에 얼마나 감명을 받았던지 자신의 사생관死生觀에 까지 크게 영향이 미쳤던 모양이다. 그래서 그는 가끔 일상적인 한담을 나눌 때에도 곧잘 자기 죽음에 대한 이야기를 끄집어내곤 했다.

그의 말에 의하면 이제 여생이 얼마 남지 않은 자신의 마지막 죽음을 어떻게 장식할 것인가를 골똘히 궁리 중이었는데 지난번 히말라야 산맥의 연봉連峰인 티베트고원의 만년설을 보고나서는 멋진 묘안이 떠올랐다는 것이다.

우선 그는 깔끔한 성격 그대로 자기의 죽음을 생전의 모습 그대로 깨끗하면서도 아름답게 장식하고 싶다는 것이었다. 그러니까 평소 다정하게 지내던 제자들이나, 교호관계가 두터웠던 친구들에게나 결코 자기 사후의 추한 몰골을 보이고 싶지 않다는 것이 첫째 이유였다. 항상 웃음 띤 얼굴과 정다운 담소를 나누던 자신의 면목을 평생토록 여러 사람들의 뇌리에 그대로 남겨두고 이 세상을 떠나고 싶다는 것이었다. 그것은 혹시 자신이 죽은 후 가까운 친지나 자녀들 앞에, 원형原型이 문드러진 추한 모습을 보게 하여 평소의 '이미지'에 손상을 끼쳐서는 안 되겠다는 강한 의지의 표현이었다.

그래서 죽음을 예감할 수 있을 때 쯤 저 장엄한 대자연의 품안에 여한 없이 안기겠노라고, 자못 선언하는 듯한 어조로 말을 했다. 스스로 히말라야의 만년설 속으로 들어가 마지막 혼자만의 향연을 베푼 다음 술을 취하도록 마시고, 자는 듯이 스르르 눈을 감는 동사凍死를 택하겠다고 서슴없이 토로하는 것이었다. 그리되면 죽어서도 영원히 살아있는 자신의 모습을 이 세상 어딘가에 남겨두는 것이 아니겠느냐고 하면서…….

그리고 이와 같은 파격적인 죽음 뒤에 올, 유가족의 불명예나 도덕적인 비판 문제에 대해서도 그 누구도 이의를 제기하지 못하도록 진지한 유서까지 준비해 두겠다는 것이었다. 이 지구상에서 일본인만이 지니고 있는 '죽음의 미학美學'은 배를 가르는 셋뿌끄切腹인 줄로만 알고 있던 나는 이렇듯 기상천외한 죽음을 계획(?)하고 있는 사람도 같은 일본인이라는 데서 남다른 감회를 느끼게 되었다. 처음에는 한낱 농담으로만 여기고 있던 나는 그의 말이 너무나 진지하기에 그대로 믿지 않을 수 없었다.

사실 이분의 행각을 보면 비록 출생은 일본이지만 국적을 초월한 세계인이라고 할 만큼 그 사상적 세계관이 광대무변한 인물인지라, 아마노 내가 보기에는 무위자연無爲自然으로 귀의하고자 하는 노장사상老莊思想에 더 많이 기울어져 있는 것이 아닌가 하는 생각도 들었다.

저 유명한 '헤밍웨이'나 가와바다야스나리川端康成도 자기의 죽음을 순탄한 운명에만 맡기지 않고 스스로 결정하고 말았지만 사후의 추한 모습에 대해서만은 별로 관심을 두지 않았던 것 같다. 그런 점에서 본다면 M교수가 제시한 죽음의 방법은 죽음 그 자체보다도 사후의 모습이나 처리문제에 더 관심을 두었다는 점에서 한걸음 더 앞섰다고 할 수도 있을 것 같다.

하기야 안락사安樂死에 가까운 죽음들은 그 선택방법만을 놓고 따질 일은 아니다. 할복자살割腹自殺이냐, 권총자살이냐, 를 따지기 전에 현실적 도피의식에서 비롯된 비겁한 행동임에는 틀림이 없다. 그러나 이 M교수가 주장하는 죽음의 방법은 결코 자살 그 자체에 있는 것이 아니라 어떻게 하면 평소에 지니고 가꾸었던 자신의 모습과 '이미지'를 그대로 유지할 수 있을까 하는 사후정리死後整理에 더 관심을 두었다는 점에서 굳이 죽음의 목적론을 가지고 왈가왈부할 필요는 없을 것 같다.

비록 할복이니 권총자살이니 하는 식의 죽음은 매우 결연하고 의기義氣로운 기상으로 비춰지기는 하지만 M교수의 견지에서는 사후死後 남에게 그 끔찍스럽고도 추한 형해形骸를 보인다는 것은 추호도 용납할 수 없는 일이라 할 것이다. 이것은 결코 육안으로 감지되는 외형만을 의미하지는 않는다. 흔히 생을 불명예로 마감하는 인격적 손상까지도 함께 아우르고 있음을 생각할 때 역시 한 차원 높은 착상着想이라는데 공명共鳴하지 않을 수 없었다. 가히 죽음의 미학美學이라 해도 좋을 것 같다.

이런 시각에서 보면 이 세상에서 그대로 지워버리기 아까운 절세미인의 영상이나, 만인의 사표師表가 될만한 위인들의 모습은 죽어서도 살아있을 때의 모습그대로 보존하여 만인이 우러러 기릴 수 있도록 하면 얼마나 좋을까, 하는 생각도 하게 된다. 수많은 인민들을 탄압 혹사하고 그 위에 군림했던 독재자의 미라보다는 훨씬 더 인간적인 면모를 느낄 수 있지 않겠는가.

이제 나도 산수傘壽를 바라보게 되었으니 서서히 죽음의 문제에 대해 관심을 갖지 않을 수 없다. 그래서 삶의 대미大尾를 어떻게 맺어야 할지도 곰곰이 생각해 보게 된다. 저 M교수와 같이 히말라야의 만년설 속으로 안겨드는 것도 멋지고 낭만적인 죽음일 수 있지만 그것은 결코 나의 처지로서는 꿈도 꿀 수 없는 일이다. 공자의 말씀처럼 현실세계도 제대로 파악하지 못하는 주제에 어찌 사후문제에까지 관심 기울일 필요가 있겠는가. 미리 유서를 준비해놓고 그날그날의 삶을 보다 진지하게 살아가노라면 결국 훌륭한 죽음이라는 것도 절로 수반될 터이니까.

생애의 마지막을 장엄하다거나 화려하게는 장식하지 못한다 하더라도 비열하거나 추악한 이름만은 남기지 말아야겠다고 조용히 다짐해 본다. 늘 분수에 맞는 삶을 소망했듯이 생의 종장終章도 오직 분수에 맞는 마무리가 되기를 바랄 뿐이다.

참된 부자

지족자부知足者富라는 말이 있다. 만족을 아는 사람이 부자라는 뜻이다. 만족이란 마음의 여유를 일컫는 것으로써, 아무리 돈이 많아도 넉넉한 마음이 없다면 결코 부자라고 할 수 없다는 뜻이다.

우리는 흔히 먹고 입고 쓰고 남는 것이 많으면 부자라고 한다. 하지만 사람의 욕심에 한이 없는 것이고 보면, 어찌 그런 사람의 마음속에 여유가 깃들 수 있겠는가.

세상에는 한 끼니에 한 공기 밥으로 만족하는 사람이 있는가 하면, 남들은 구경조차 하지 못하는 산해진미山海珍味를 먹기 위해 엄청난 돈을 쓰는 사람도 있다. 한두 벌 옷으로 흡족해하는 사람이 있는가 하면, 유행을 따르다 못해 하루에도 값비싼 옷을 몇 번씩 갈아입는 사람도 있다. 몇 백 원의 버스 값을 아끼기 위해 걸어가는 사람이 있는가 하면, 고급 요정에 가서 돈을 휴지조각 쓰듯이 낭비하는 사람도 있다.

과연 어느 쪽이 더 부유한 사람인가? 물론 물량적으로만 따진다면 후자가 더 부자겠지만, 그들의 생활태도나 마음가짐으로 본다면 반드시 그렇지만도 않을 것이다. 속담에 아흔아홉 섬 가진 사람이 한 섬 가진 사람보고 백 섬을 채워달라고 했다는 말이 있다. 이러한 경우는 아흔아홉 섬 가진 사람이 한 섬 가진 사람보다 마음이 더 가난하기 때문이다. 만약 그 사람이 한 섬 가진 사람한테 우리 오십 섬씩 나누어 갖자고 했다면 그는 천만 석을 가진 부자보다 더 풍족함을 느끼는 참 부자라 할 것이다.

마음의 여유를 가진다는 것, 그것은 곧 행복의 전제조건이다. 행복한 사람 치고 마음이 넉넉하지 않은 사람 없고, 불행한 사람치고 욕심이 가득하지 않은 사람이 없다. 돈을 벌거나 출세영달을 위해 노력하는 것도 따지고 보면 다 행복한 삶을 영위하기 위함이 아니던가. 그런데 그런 조건들에 얽매여 마음에 욕심만을 채운다면 이 얼마나 어리석은 일인가.

이란 북부지방의 한 산간마을에 '모함'이라는 한 농부가 살고 있었다. 농토는 꽤 많았지만 여기서 나오는 소출이 넉넉지 않아 늘 고민에 빠져 있었다. 그러던 어느 날 이곳을 지나던 한 나그네 선지자先知者를 만나 상담하는 기회를 갖게 되었다. 한참동안 이 농부의 고충을 듣고 있던 나그네는 별로 어려운 일이 아니라는 듯, 다음과 같이 말했다.

"적은 노력勞力으로 큰돈을 벌 수 있는 길은 간단하다. 보석 광산에 가서 다이아몬드 몇 십 캐럿만 캐어오면 당장에 벼락부자가 될 수 있을 것이다."

이 말을 들은 모함은 크게 기뻐한 나머지 즉시 농토를 팔아 여러 곳의 광산을 전전하며 다이아몬드 캐기에 골몰했다. 그러나 진짜 광맥 한번 잡아보지 못하고 가지고 갔던 돈을 모두 탕진하고 말았다.

한편 모함의 밭을 사서 새로 농사를 짓게 된 청년은 어느 날 쟁기질을 하다가 이상한 돌덩이 한 개를 발견했다. 즉시 감정사한테 갖고 가서 물었더니 그것이 바로 다이아몬드라는 것이었다. 뿐만이 아니라 그 밭 중심부의 척박한 땅은 온통 다이아몬드 광맥으로 꽉 차 있어서 그야말로 벼락부자가 되었다고 한다.

객지에서 이 소식을 전해들은 모함은 그전보다 더 심한 고통을 이기지 못해 자살하고 말았는데, 그때 읊조린 독백이 무척 감동적이다.

"내 일찍이 다이아몬드를 몰랐을 때가 더 행복하였노라…."

그래서 이란에는 '다이아몬드를 모르는 사람이 진짜 행복한 사람이다'라는 속담이 전해지고 있다. 이렇듯 부富는 사람의 마음속에 있는 것. 진정한 부자는 자기가 가진 것에 만족하는 사람임을 다시 한 번 되새겨본다.

몽골여행에서 건져올린 상념들

지난 9월 세 번째의 몽골여행을 다녀왔다. 갈 때마다 느끼게 되는 한결같은 상념은 너무나 광활한 국토와 아직 탐사조차 해보지 않은 지하자원이 무진장으로 저장되어 있다는데 대한 부러움이라 하겠다. 거기에다 지금껏 사람의 발길이 닿지 않은 원시림이 수 없이 널려있고 전 국민의 반가량이 유목민생활을 하고 있다는 사실이 이처럼 나그네의 발목을 잡아끌기 때문이다.

대개 외국에 나가면 무엇보다 먼저 그 나라의 풍토와 문물을 접하면서 이색적인 감동에 젖게 된다. 특히 신기함과 경이로움을 발견하게 되면 그것이 새로운 욕구를 자극하여 지속적인 관심을 갖게 된다. 가히 심행일체心行一體 현상이라 해도 좋을 것이다. 내가 몽골에 대해 갖고 있는 지속적인 관심도 이와 같은 것이라 하겠다.

지구상에 살고 있는 모든 인류는 대개 세 가지로 분류하고 있다. 첫째는 코카소이드라는 백인종이고, 둘째는 몽골로이드라는 황인종이며, 셋째는 니글로이드라는 흑인종이다. 황인종을 몽골로이드라 표현하고 있음은 몽골 혈계血系를 지닌 사람들이 황색인종을 대표하고 있다는 뜻이기도 하다.

물론 한국인도 몽골로이드에 속한다. 과거 인류의 사회적 이동이 어떤 형태로 이루어졌는지는 자세히 알 수 없지만, 이러한 혈계를 바탕으로 하여 더듬어 올라가면 어렴풋이나마 파악할 수 있다는 것이 오늘날의 통념이다.

한국인과 몽골인은 너무나도 흡사하다. 동양인 중에서 중국인과 한국인과 일본인은 서로 비슷하다고 한다. 그러나 이 세 나라 사람이 한 자리에 어우러지면 서로가 어느 나라 사람인지 쉽게 구분할 수 있다. 그런데 몽골인과 한국인 사이에는 그렇지 않은 경우가 많다. 나 자신도 몇 차례 몽골 여행을 해보았지만 스스로 착각했던 경우와 몽골인이 나를 보고 착각한 경우가 여러 번 있었다. 그만큼 한국인과 몽골인은 서로 닮은꼴을 하고 있다.

몽골로이드의 분포상分布相은 동북아 지역으로는 몽골과 중국의 북부 그리고, 한반도와 일본에 가장 많이 흩어져 있는데, 거의 전부라 해도 과언이 아니다. 그리고 유럽지역으로는 러시아의 '칩착한국' 터키의 '트루크한국' 이란의 '일한국' 그리고 항가리 핀랜드 등지에 산재해 있는 것으로 밝혀지고 있다. 여기서 '한국'이라 함은 대大 '칭기스한'의 제후국이라는 뜻이다. 남쪽으로는 멀리 인도까지 정벌하여 무굴제국을 세웠는데, 무굴이라 함은 곧 몽골을 뜻하는 인도 말인 것이다.

그런데 한국인과 몽골인은 독특한 상사성相似性을 가지고 있어 남다른 혈통관념까지 느끼게 한다.

첫째로 두 민족은 체구가 거의 같고, 태어날 때 몽골반점이라는 독특한 반문班紋을 지니고 태어난다. 그리고 주로 오른손을 사용하는 생래적生來的 관습도 같다. 체구는 족류族類를 분류하는데 있어서 일차적인 기준이 된다고 하니 이는 곧 같은 종족을 찾는 지름길이라 할만하다.

그 뿐이 아니다. 몽골인과 한국인에 있어서는 조상 때부터 전해져 내려오는 출생전설이 거의 같다. 일종의 신비감과 함께 동질감마저 느끼게 하는 대목이다.

몽골인의 전설은 이렇다. 몽골인의 출생시 반점은, 생산신生産神이 빨리 세상에 나가라고 떼미는 과정에서 생긴 손자국이라고 설명하고 있다. 우리 한국인의 경우도 삼신三神 할머니가 세상에 빨리 나가라는 뜻으로 볼기짝을 찰싹하고 때릴 때 생긴 손자국이라 하고 있으니 이러한 출생설화出生說話는 그대로 일치점을 보여주고 있지 않는가. 참으로 신기한 일이다.

그리고 한국과 몽골의 고대 문헌이나 풍습을 통해 두 나라가 같은 역사적 기원을 가진 동일 종족이라는 것을 강하게 느끼게 한다. 몽골의 오지奧地에 들어가면 아직도 '고올리국'의 유적遺跡 유습遺習 등을 볼 수 있는데, 그들이 교환하는 단순한 인사예법 등에서도 매우 의미 있는 유사성을 발견할 수 있다.

원래 몽골사람과 고올리 사람은 한 종족이었는데, 차츰 혈족이 불어나면서, 동서로 갈라져서 살게 되었단다. 즉 서남쪽 초원으로 가서 유목민이 된 몽골인과 동북쪽으로 이동하여 정착농을 하게 된 고올리인은 서로 편리한대로 나라를 세워 살게 되었다는 것이다. 그래서 서로 한 핏줄임을 잊지 말자는 뜻으로 만들어진 특이한 인사예법을 가지고 있단다. 즉 겔(주거용 천막)에서 나와 일터로 가거나 또 길을 가다가 서로 마주치게 되면 다음과 같은 인사로 안부를 교환한다는 것이다. 몽골인은 서남쪽에서 동북쪽을 향해 왼손을 한 번 돌리고, 고올리인은 동북쪽에서 서남쪽을 향해 왼손을 한 번 돌리며 인사한다는 것이다.

그 뿐이 아니었다. 울란바타르에서 동쪽으로 약 1200킬로미터 지점에 위치한 보이르 호수 남쪽에 있는 고올리 성읍터에 가면, 고올리 사람의 옛 농사터가 있는데, 이것은 중국식도 아니고, 러시아식도 아닌, 아주 독특한 농법이라는 것이다. 또한 석인상石人像이 두 기基가 있는데, 그것은 잘 다듬어진 대리석 조각물로서 영락없는 우리 한국식이라는 것이다.

"도대체 이 머나먼 외국 땅에 고올리 카한의 석인상이 그토록 오랜 세월을 거치면서 어떻게 보존될 수 있었을까. 다른 인물이나 동물의 석상들은 대부분 목이 잘려나갔는데, 이 험악한 역사적인 싸움터에서 왜 외국인인 고올리 카한의 석인상만이 남아있을 수 있단 말인가. 고올리는 저들의 말 그대로 정말 한국이란 말인가. 그렇다면 고올리는 역사상 고구려나 고려를 가리키는 말이 틀림없는 것일까?"

이러한 갖가지 의문들이 꼬리에 꼬리를 물게 되어, 지난 93년부터 95년까지 한 몽 학자들에 의해 현지 탐사를 실시하게 되었다고 한다. 그래서 지난 천년동안 깊은 잠에 빠졌던 한국과 몽골의 역사가 이제 서서히 기지개를 켜게 되었다고 한다. 특히 고올리 성읍터 발굴에서 고구려 식 고분임을 확인함으로써 고올리는 곧 고구려와 고려로 이어지는 우리 역사라는 학술적 징검다리를 마련하였다고 하니 앞으로 한 몽간의 교류증진은 한 층 더 활발해질 것으로 믿어진다.

부존자원이 없는 우리나라는 좁은 국토에 과밀한 인구 문제가 늘 무거운 짐으로 남아있는데 반해, 몽골의 경우는 우리와는 정반대의 입장에 있다. 즉 국토는 우리 남북한을 합친 것보다 7배가 넘고, 인구는 오히려 30분의 1에 불과하다. 그래서 그들은 넓은 국토에 지하자원도 풍부하지만 인구가 적어 제대로 개발을 못하고 있다. 벌써 양질의 유전을 개발하여 산유국 대열에 들어가 있는데도 인력 기술 자본의 뒷받침이 없어 양산체제를 갖추지 못하고 있단다. 그러므로 만일 우리가 몽골과 밀접한 협력체제를 갖추게 된다면 톱니바퀴의 요철처럼 서로

이가 맞아 그야말로 환상적인 경제파트너가 되지 않을까 하는 엉뚱한 생각도 해보았다.

그리고 우리는 지난날 세계를 제패한 칭기스칸의 통치술과 경륜도 연구하면 아주 재미있을 것 같다. 누가 뭐래도 칭기스한은 몽골민족의 영웅일 뿐만 아니라 역사상 가장 거대한 제국을 건설한 세계적 영웅임에는 틀림이 없다.

우리나라는 5천 년의 역사상 항상 강대국의 침략만 받아왔지, 한 번도 침공한 일은 없었다. 그러나 몽골은 저 위대한 영웅 징기스칸 이후 근 백 년 동안이나 전 세계를 제패한 역사와 경륜과 정신을 갖고 있지 않은가. 우리는 그것을 배워야 한다. 아무리 그 나라의 현실상황이 우리보다 어렵다 하더라도 같은 역사, 같은 혈계, 같은 의식구조를 갖고 있는 우리로서는 그 어느 민족보다 빨리 터득할 수 있으리라 믿는다.

이러한 일은 정치 경제 외교만으로 되는 것은 아니다. 국제사회의 모든 교류는 문화교류로부터 시작했듯이, 우리 역시 하루속히 문학적 교류협력을 증진시켜 나가기를 기대한다. 그리하여 우리가 이룩한 경제발전의 체험과 몽골인이 성취했던 세계제패의 체험들을 접목시켜 서로 공동번영을 모색해 나간다면 우리 양국간의 장래는 훨씬 더 밝아지리라 믿어진다. 한몽 간의 활발한 교류협력을 통해 양국간의 정신적인 유대가 더욱 굳건하게 다져지기를 기대하는 마음 간절하다.

■ 연보

김병권(金秉權)

生年月日 1931. 8. 3

용산구 동빙고동 76번지

• 학력

단국대학교 법정대 졸〈법학사〉

연세대학교 대학원 졸〈경영학 석사〉

• 경력

강원 평창 출생

평창군 미탄 초등학교 교사(1949)

6 · 25 전란으로 남하 중, 피난지 대구에서 군 입대(1950. 7)

육군 참모총장 공보관 및 주월 한국군 대변인(1965~1970)

월간문학 수필당선으로 등단(1971. 9 / 남국의 향수)

육군〈정훈〉대령으로 예편(1973)

사단법인 한국 문인협회 수필분과회장(역임)

숙명여자대학교 문예창작과 겸임교수(역임)

KBS 방송문화센터 수필창작 강사(역임)

사단법인 한국수필가협회 부이사장(역임)

사단법인 한국문인협회 부이사장(현)

사단법인 국제 펜클럽한국본부 고문(현)

용산문화원 수필창작교실 강사(현)

• 수필집

1. 속아주는 멋.
2. 물구나무 인생.
3. 생각하는 눈.
4. 앉아서 꿈꾸는 산.
5. 오월의 나비 외 다수

• 수상

1. 한국 문학상
2. 한국 수필문학상
3. 노산 문학상
4. 한국 수필문학 大賞
5. 신곡 문학상
6. 순수문학 大賞
7. 한국 전쟁문학상
8. 단국 문학상

현대수필가 100인선 · 31
김병권 수필선

걸림돌과 디딤돌

초판인쇄 | 2008년 8월 10일
초판발행 | 2008년 8월 15일

지은이 | 김 병 권
펴낸이 | 서 정 환
펴낸곳 | 좋은수필사

주 소 | 서울시 종로구 익선동 30-6
운현신화타워 빌딩 3층 305호
전 화 | 02)3675-5635, 063)275-4000
등 록 | 1984년 8월 17일 제28호
홈페이지 | http://www.shin-a. co. kr
e-mail | essay321@hanmail.net

값 7,000원

ISBN 978-89-5925-300-5 04810
ISBN 978-89-5925-247-3 (전 100권)